숲을 꿈꾸며
밀알을 심다

# 숲을 꿈꾸며
# 밀알을 심다

지은이 | 감경철
펴낸이 | 원성삼
본문 및 표지디자인 | 한영애
펴낸곳 | 예영커뮤니케이션
초판 1쇄 발행 | 2020년 4월 6일
등록일 | 1992년 3월 1일 제2-1349호
주소 | 04018 서울시 마포구 동교로 55 2층 (망원동, 남양빌딩)
전화 | (02) 766-8931
팩스 | (02) 766-8934
이메일 | jeyoung@chol.com
ISBN 979-11-89887-21-6 (03370)

값 11,000원

* 이 책의 수익금은 다음 세대 교육 선교를 위해 사용됩니다.

이 도서의 국립중앙도서관 출판예정도서목록(CIP)은 서지정보유통지원시스템 홈페이지
(http://seoji.nl.go.kr)와 국가자료공동목록시스템(http://www.nl.go.kr/kolisnet)
에서 이용하실 수 있습니다.(CIP제어번호: CIP2020012438)

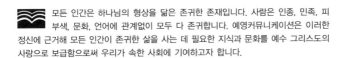
모든 인간은 하나님의 형상을 닮은 존귀한 존재입니다. 사람은 인종, 민족, 피
부색, 문화, 언어에 관계없이 모두 다 존귀합니다. 예영커뮤니케이션은 이러한
정신에 근거해 모든 인간이 존귀한 삶을 사는 데 필요한 지식과 문화를 예수 그리스도의
사랑으로 보급함으로써 우리가 속한 사회에 기여하고자 합니다.

———— 대안학교 이야기

# 숲을 꿈꾸며 밀알을 심다

감경철 지음

예영 CTS 기독교TV

**조용기 목사**

여의도순복음교회 원로목사

기독교의 미래를 위해 다음 세대를 교육하고 훈련하는 일은 매우 중요합니다. 이러한 사명의 일환으로 CTS기독교TV와 여의도순복음교회 어린이집은 2006년 개원 이후 제1호 CTS 제휴 어린이집으로 함께 일하기도 하였고, 감경철 장로님이 추진하신 "출산장려운동본부"의 총재로도 함께 일했습니다.

순수 복음 방송을 추구하는 CTS기독교TV가 다음 세대를 품게 된 것은 리더인 감경철 장로님의 열정 때문이라고 생각합니다. 기독교의 다음 세대를 세우고자 하는 그 열정의 일환으로 감경철 장로님이 직접 대안학교들을 방문하여 기록한 기독교 대안학교 이야기가 이번에 책으로 출간되었습니다. 이 책에는 다음 세대를 살리고자 현장에서 애쓰고 있는 교회들과 기독교 대안학교의 이야기가 생생하게 담겨 있습니다.

예수 그리스도의 복음을 전하는 일에는 남녀노소가 따로 없지만,

다음 세대의 어린 영혼들을 그리스도의 군사로 세우는 것은 더할 나위 없이 중요한 일입니다. 아무쪼록 많은 분들이 이 책을 통해서 다음 세대를 교육하고 훈련시키는 일에 적극적으로 동참해 줄 것을 기대합니다.

**이어령 박사**
초대 문화부장관

대한민국이 이토록 빠른 발전을 이루게 된 근간은 바로 "교육"의 힘이다. 빈부와 지위 고하를 막론하고, 자녀들을 교육시켜 대학 입시라는 치열한 관문을 통과하여 윤택한 삶과 사회적 지위를 보장해 주고자 하는 것이 대한민국 모든 부모의 삶의 목표이며, 이러한 욕망과 헌신적인 노력 위에 오늘날의 대한민국이 건설되었다고 하는 것이 결코 과언은 아닐 것이다.

하지만, 우리는 이러한 입시 지상주의, 학벌 지상주의의 폐해를 경험하고 있다. 인성과 영성이 결핍된 지성이 얼마나 위험하고, 파괴적인 결과를 낳고 있는지 …. 기성세대가 아무리 반성하고 돌이키려 해도 대한민국 교육 문제는 도무지 나아질 기미가 보이지 않는다.

우리가 맞이하고 있는 4차 산업 시대는 인간과 사회에 대한 깊은 이해와 통찰력을 가진 인재, 삶의 진정한 의미와 행복에 대한 답을 이야기해 줄 수 있는 인재가 더욱 절실히 필요한 시대라고 한다면, 그 해답은 "영성"에서 찾아야 한다.

이러한 의미에서 기독교 교육에 대한 필요성과 기대는 너무나 크다. 130여 년 전 교회와 학교로 출발했던 한국 기독교, 신앙과 지성이 분리될 수 없었던 그때의 정신과 모습으로 돌아가 미래의 다음 세대를 길러내는 세상을 다시 꿈꿔 본다.

신앙으로 우리 자녀들을 키워내고 있는 현장의 이야기를 생생하게 담아내고 있는 이 책이 한국 교회의 희망의 싹을 다시 틔우는 밀알이 되기를 기대한다.

**정근모 이학박사**
KAIST 초빙석좌교수

"다음 세대가 대한민국의 희망입니다!"

CTS기독교TV 방송을 볼 때마다 깊이 있는 외침으로 다가오는 이 문구는 어쩌면 이 시대의 한국 교회를 향한 경종이자 내일을 향한 희망의 메시지일 것입니다.

다음 세대가 없으면 미래가 없다는 당연한 이치를 다시 한번 생각하고 희망의 다음 세대를 꿈꿀 수 있는 세상을 만드는 데 우리 모두의 헌신과 열정이 모인다면 한국 교회와 대한민국의 미래에는 지금과는 분명히 달라질 것입니다.

저와 감경철 장로님은 오랜 기간 국가조찬기도회를 위해 힘써 온 신앙의 동지입니다. 감 회장님께서는 이사로서 회장으로서 국가조찬기도회 사역의 중추적인 역할을 감당해 오셨습니다. 또한 방송 선교라는 중요한 CTS기독교TV의 사명을 맡아 다음 세대를 걱정하며 한국 교회와 믿음의 성도들이 남겨야 할 신앙의 유산을 위해 달려오셨습니다. 출산과 보육의 문제로부터 교육으로 연결되는, 한 명의 자녀를 낳아 키우며 세우기 위해서는 교회와 가정과 나라가 하나의 울타리가 되어야 한다고 외치셨습니다. 그리고 미래를 살아갈 다음 세대를 세우기 위한 보육과 교육의 대안을 찾기 위해 끊임없이 노력하셨습니다.

감경철 장로님이 직접 전국 구석구석의 기독교 대안학교를 방문하며 교육 현장의 열매와 감동의 스토리를 듣고 엮어낸 이 책은 단순한 학교 탐방기를 넘어선 이 시대를 향한 외침과 같습니다. 다음 세대를 세우자란 막연한 구호가 아닌 "다음 세대를 위해 무엇을 해야 하는가?"란 물음에 대한 명쾌한 답을 주고 있습니다. 바로 '기독교 대안학교 운동'입니다.

과거 많은 선교사님이 세운 교회들은 바른 교육의 현장이었고 그 속에서 복음을 듣고 성장하여 나라와 민족을 위해 헌신했던 수많은 신앙의 선배를 기억합니다. 우리도 이 나라와 교회의 미래를 위해 지금의 다음 세대를 복음으로 온전히 세우는 것부터 시작해야 합니다. 한 교장 선생님의 말씀처럼 "다음 세대를 살리기 위한 처절한 몸부림"이 필요한 때입니다.

『숲을 꿈꾸며 밀알을 심다』! 이 책은 다음 세대를 세우기 위해 고민하는 우리 모두를 향한 지침서가 되리라 확신하며 감사한 마음으로 추천합니다. 그리고 다음 세대를 위한 밀알로 헌신하시는 감 회장님과 CTS기독교TV에 격려의 박수를 보내드립니다.

**김장환 목사**
극동방송 이사장

최근 들어 안타깝게도 한국 교회는 다음 세대에 대한 신앙 계승의 위기를 맞고 있습니다. 저출산에 따라 교회학교를 운영하지 못하는 교회들이 늘어가고, 기독교 정신으로 세운 사립학교도 기독교 교육에 큰 어려움을 겪고 있습니다.

이런 가운데 CTS기독교TV 감경철 장로님께서 '한 교회, 한 학교 설립을 통한 다음 세대 세우기 운동'을 펼치고 계셔서 주목을 받고 있습니다. 특별히 그동안의 연구 결과를 한 권의 책으로 발간하셨는데 다음 세대를 섬기기 원하는 교회에 많은 유익을 줄 것으로 기대됩니다.

"마땅히 행할 길을 아이에게 가르치라 그리하면 늙어도 그것을 떠나지 아니하리라."는 잠언 22장 6절 말씀을 다시 한번 되새기며, 이 책을 통해 우리 가운데 많은 도움이 되기를 소망합니다.

**박종순 목사**
충신교회 원로목사

위기의 대한민국 그리고 한국 교회! 별로 달갑지 않은 표현입니다. 위기는 언제나 있었고 극복도 있었습니다. 역사를 보는 관점은 부정적이기보다는 긍정적일 때 이해도 쉽고 해법 찾기가 용이합니다. 그런 면에서 "위기는 기회다."라는 말을 되새겨 볼 필요가 있습니다. 한국 교회가 당면한 과제는 다양합니다. 그 가운데 외면할 수 없는 것이 저출산, 고령화의 문제입니다. 경중을 따지면 고령화보다 저출산이 더 심각합니다. 그리고 저출산은 다음 세대의 단절로 이어지기 때문에 국가와 교회 발등에 떨어진 불과 같습니다.

한국 교회의 교인 감소 속도가 빨라졌습니다. 가나안 교인이 증가하고 청년부와 교회학교가 문을 닫고 있습니다. 출산을 장려해야 한다고 하지만 그건 해법이 아닙니다. "낳고, 키우고, 가르치고, 이끌고"의 연결고리가 이어져야 합니다. 국가와 교회가 고심하고 특단의 전략을 세우지 않으면 그야말로 존폐의 기로를 맞게 될 것입니다. 고마운 것은 감경철 회장님이 이끄는 CTS기독교TV가 "다음 세대"에 관심을 쏟고 다양한 조사와 연구, 처방과 대안을 마련해 왔다는 것입니다. 그 가운데 하나가 대안학교 운동입니다. 저출산보다 더 두려운 것은 다음 세대를 바르게 키우고 세우는 신앙 교육의 터가 무너지고 있다는 것입니다.

기독교 신앙과 정신으로 세운 기독교 학교들은 힘을 잃었습니다. 예수가 캠퍼스를 거닐 수 없는 교육 환경으로 탈락해 버렸습니다. 기독교 신앙 교육의 회복을 이야기합니다만 무 전략, 무대책일 뿐입니다. 그래서 대두된 것이 기독교 대안학교입니다. 그리고 CTS와 감경철 장로님이 앞장섰습니다. 지나온 일들, 겪었던 일들, 거기다 오랜 시간 대안학교 현장을 낱낱이 찾아가 보고 듣고 나눈 이야기들을 모아 책으로 펴내게 되었습니다.

이 책은 보고서이고 대안입니다. 누군가가 앞장서 견인해야 하는데 CTS기독교TV와 감경철 회장님이 앞장서 가는 데 격려를 보냅니다.

다음 세대가 사라지면 교회도 사라집니다. 다음 세대가 방황하면 기독교 문화가 흔들립니다. 다음 세대를 바로 세우지 못하면 한국 교회가 책임을 떠안게 될 것입니다. 그런 면에서 『숲을 꿈꾸며 밀알을 심다』의 출판을 축하합니다. 그리고 기쁨으로 추천합니다.

## 김상복 목사

할렐루야교회 원로
횃불트리니티신학대학원대학교 명예총장

CTS기독교TV 회장 감경철 장로님은 다음 세대를 살리기 위해 여러 해 동안 방송을 통해서 꾸준히 노력해 오셨습니다.

한국과 한국 교회의 미래는 다음 세대를 살리는 교육 방법을 속히 찾아야 합니다. 어두운 구름이 뒤덮기 시작했습니다. 감경철 회장님이 저술하신 기독교 대안학교 이야기, 『숲을 꿈꾸며 밀알을 심다』는 다음 세대를 살리려는 한국 교회의 노력을 소개하며 사는 길을 제시하고 있습니다. 전국에 산재한 대표적 기독교 대안학교들을 방문하며 그들의 비전과 수고와 열매들을 생생하게 보여 주며 한국 교회에 희망을 제시해 주고 있습니다. 여기 소개한 기독교 대안학교들과 교회들은 한국 교회에 새로운 희망과 생명력을 보여 주고 있습니다. 대안학교와 그 학교를 운영하는 교회들은 밝은 미래가 보입니다.

1970년대에 미국에서도 한 교회 한 학교 운동이 일어났습니다. 공립학교의 교육 현장은 기독교의 가치관으로 자녀들을 키우려는 소망과는 너무도 거리가 멀었습니다. 공립학교에서 성경과 기도와 기독교 동아리 활동을 금지하는 대법원의 결정으로 세속적 진화론으로 신앙의 기초를 무너뜨리는 것이 미국 학교의 현실이었습니다. 교회와 기독교

인들은 자녀들을 살리기 위해 한 교회 한 학교 운동을 일으켰습니다. 교회의 주일학교 교실들을 학교로 전환했고 기독교적 세계관으로 모든 교과서를 다시 써서 가정과 교회와 학교가 삼위일체가 되어 일관성 있는 기독교 세계관으로 자녀들을 교육하고 훈련했습니다. 미국에서 제세 딸은 그 혜택을 받으며 잘 성장했고 행복한 가정을 이루어 지금은 자기 자녀들을 같은 방법으로 교육해 왔습니다.

기독교 교육을 통해 건강한 인격을 소유한 지도자들을 양성하고 있는 생생한 현장을 소개하는 감 장로님의 이 책을 기쁜 마음으로 추천합니다. 한국 교회가 다음 세대의 좋은 지도자들을 많이 양성해 한국의 미래를 새롭게 하는 위대한 역사가 나타나기를 바랍니다.

**김진홍 목사**
두레수도원

나는 기독교 복음방송 CTS기독교TV를 좋아합니다. 순수해서 좋고 복음 전파에 열정이 있어서 좋습니다. 그리고 끊임없이 대안代案을 추구하는 진지함이 좋습니다.

CTS기독교TV가 다른 방송 매체들보다 돋보이는 점 중의 하나가 다음 세대를 위하여 투자하는 열정입니다.

유년 주일학교의 부흥과 자녀 많이 낳기 운동과 대안 교육을 위하여 정성을 다하는 모습이 신뢰가 가고 감사하기도 합니다.

이번에 기독교 대안학교 중에 모범이 될 만한 학교들을 탐방하여 소개하는 책을 CTS기독교TV에서 발간하게 되었습니다.

대한민국에 세워진 기독교 대안학교의 설립 원동력은 100여 년 전 한국 교회 초기에 일어났던 한 교회 한 학교 세우기 운동에 뿌리를 두고 있습니다.

이 책은 CTS기독교TV 회장 감경철 장로가 직접 발로 뛰어다니며 쓴 책이기에 손으로, 머리로 쓴 책이 아닙니다. 발로, 가슴으로 쓴 책입니다.

이 책에서 기독교 대안학교들의 이야기를 읽으면 한국 교회가 아직 희망이 있음을 실감하게 됩니다. 한국 교회 모든 성도가 이 책을 읽고 한국 교회와 겨레의 희망을 함께 읽을 수 있기 바랍니다.

**장순흥 총장**
한동대학교

어느덧 한국도 세계적인 저출산·고령화 국가가 되었습니다.

하나님께서는 창세기 1장 28절 말씀을 통해 "생육하고 번성하여 땅에 충만하라."고 말씀하고 계십니다. 즉, 우리 크리스천들에게 있어서 새로운 생명을 출산하고 양육하는 것은 주님께서 우리에게 주신 사명과 같은 것입니다.

특히나 요즈음 우리에게 더욱 절실하게 다가오는 것은 바로 "차세대 기독 인재 양성"입니다. 매년 발표되는 통계 자료에 따르면 대한민국 크리스천 인구 비율은 해가 갈수록 줄어들고 있습니다. 전체적인 크리스천의 비율도 줄어들고 있는 것도 문제지만 더욱 심각한 것은 바로 교회학교에 출석하는 다음 세대 크리스천의 비율이 현격히 줄어들고 있다는 사실입니다. 앞서 말씀드린 저출산·고령화의 문제와 맞물려서 더욱더 이러한 추세가 가속화될 수 있다고 봅니다. 이럴 때일수록 초·중등 교육 일선에서의 역할이 매우 중요하리라 생각됩니다.

이번에 출간되는 "기독교 대안학교 이야기, 『숲을 꿈꾸며 밀알을 심다』"는 현재를 살아가는 크리스천들에게 좋은 교육의 본보기가 될 것입니다. 다양한 기독교 대안학교의 교육 철학, 교육 현황 및 내용 등을 다루어 줌으로써 자녀들이 하나님 말씀 안에서 기독 청년으로 올바르게 성장하길 원하는 학부모님들에게 많은 도움을 줄 수 있을 뿐만 아니라 각각의 기독교 대안학교에도 서로의 좋은 교육 방법과 시스템을 배울 수 있는 길라잡이 역할을 해 주리라 봅니다.

바라건대, 여기에 그치지 말고 앞으로 국내뿐만 아니라 나아가 해외의 더 다양하고 모범이 될 만한 기독교 대안학교 사례들을 계속해서 다루어 줌으로써 다음 세대 크리스천들을 말씀 안에서 제대로 교육할 수 있는 새로운 지평을 열어 주기를 간절히 기도하고 기대해 봅니다.

## 박상진 소장
### 기독교학교교육연구소, 장로회신학대학교 교수

CTS기독교TV 감경철 회장님의 기독교 대안학교 탐방기의 출간을 진심으로 축하드리며 함께 기뻐합니다. 감 회장님의 기독교 대안학교 사랑은 특별합니다. 제가 기독교 대안학교 운동을 지원하기 위해 기독교학교교육연구소를 설립했던 2005년경부터 기독교 대안 교육 관련 세미나를 개최하면 바쁘신 중에도 늘 찾아오셔서 격려해 주시고 청중석 뒷자리에 앉으셔서 진지하게 경청하셨습니다.

방송사 중에 기독교 대안학교 관련 프로그램을 가장 많이 그리고 가장 깊이 있게 다룬 방송사는 단연코 CTS기독교TV입니다. 감 회장님의 다음 세대에 대한 관심은 저출산 문제 해결, 기독교적 영유아 보육, 교회학교 부흥 그리고 기독교 대안학교 설립 운동인 한 교회 한 학교 세우기 운동에 이르기까지 지칠 줄 모르고 계속되었습니다.

금번에 발간되는 이 책에는 다음 세대를 향한 사랑을 가슴에 품은 감 회장님이 직접 전국의 기독교 대안학교를 탐방하면서 체험하고 깨달은 바가 담겨 있습니다. 소박하면서도 구수하고, 그러면서도 예리하게 오늘날 교육의 문제를 파헤친 글을 통해 오늘, 이 땅의 다음 세대를 향하신 하나님의 비전과 열정, 긍휼의 마음을 느낄 수 있습니다.

이 책에 소개되는 교회 교육 현장과 기독교 대안학교들은 모두 특색 있게 하나님의 교육을 펼쳐 가고 있는데, 이 책을 읽는 것만으로도 오늘날 왜곡된 교육에 대한 대안적 교육이 어떻게 펼쳐지고 있는지를 맛볼 수 있습니다.

CTS기독교TV 창립 25주년 기념의 의미도 담고 있는 이 책을 읽는 독자 모두의 마음도 뜨거워져 이 땅의 기독교 대안 교육 운동에 함께하게 되기를 기대합니다.

**정기원 교장**
밀알두레학교

감경철 회장님이 쓰신 책『숲을 꿈꾸며 밀알을 심다』를 읽다가 제가 2001년도부터 아이들이 행복한 학교를 꿈꾸며 일본, 덴마크, 스페인, 미국, 캐나다, 호주 등 세계에서 교육이 앞선 나라들의 학교들을 직접 찾아다니던 때가 생각났습니다. 비록 20여 년의 시간이 흘렀지만, 아직도 현장에 서 있던 감동은 여전합니다. 감경철 회장님이 직접 우리나라 구석구석에서 하나님의 교회와 학교를 건강하게 잘 세워 가고 있는 곳들을 직접 탐방하며 한국 교회와 교육을 살리기 위해 큰 꿈을 꾸면서 적어 놓은 글을 보니 또다시 가슴이 뜁니다. 방송국 일로도 무척이나 바쁘신 회장님이 전국의 교회와 학교들을 직접 찾아다니며 탐방하시는 이유가 무엇일까 궁금했었는데 이 책을 읽고 그 의문이 풀리기 시작했습니다.

사실 교육 기행을 하면 돈도 많이 들고 무엇보다 시간이 많이 소요됩니다. 그런데 실제 책이나 자료를 통해서 얻는 정보의 양에 비해서 훨씬 적은 양을 얻게 됩니다. 그런데도 제가 4-5년 동안 세계 여러 나라의 학교들을 돌아보는 교육 기행을 했었던 이유는 학교 현장에서 느껴지는 그 생생한 감동은 책이나 자료를 통해서는 얻을 수가 없기 때문입니다.

회장님이 직접 방문해서 지켜보고 들은 내용으로 기록된 5개 교회와 5개의 기독 대안학교의 사역 현장 이야기를 따라가노라면 저도 마치 교육 기행을 같이 하는 느낌이 들었습니다.

우리나라 다음 세대 교육이 위기 상황을 맞이한 지 오래인 이때 각자 주님이 주신 사역의 현장에서 대안을 찾으며 이 '위기'를 '위험하지만 새로워질 기회'로 여기며 부단히 하나님 나라 교육 운동을 전개해 나가고 있는 교회와 기독 대안학교들 이야기는 읽는 이들의 가슴을 뜨겁게 해 줄 것이라 여깁니다.

이 책은 다음 세대 교육의 중요성을 알고 새로운 대안을 찾으려는 목사님들이나 공교육의 선생님들, 예비 교사들, 학부모님들에게 많이 읽히면 좋겠다고 생각합니다. 그리하여 이 책을 읽고 다음 세대를 말씀과 기도로 양육하는 것이 얼마나 중요한지 깨닫고 이 사역에 인생을 거는 분이 많이 나오게 되길 기대하며 그분들에게 이 책을 추천해 드립니다.

# 차례

## 1장 '한 교회 한 학교' 세우기 운동

# 2장 가서 보라

## 3장 밀알이 되어라

제 연령대라면 누구나 지난 삶의 궤적이 이 나라, 이 민족의 역사와 맞물려 있을 것입니다. 저 또한 숱한 굴곡과 암흑과 빛, 억압과 해방, 대립과 화해, 고난과 축복의 시기를 모두 걸치면서 지금에 이르렀습니다. 그 과정에 함께 하셨던 하나님의 발자국들이 더욱더 선명하게 보입니다.

저는 하나님의 기적을 위한 도구로 부르심을 받은 적이 있습니다. 그러나 나 역시 국가적 경제 위기와 더불어 개인적으로도 어려운 상황에 있었으므로 그 부르심에 선뜻 응할 수 없었습니다. 새벽 일천 번제를 쌓으면서 하나님의 뜻을 물었고, 결국 순종했습니다.

2000년 7월 1일, 나는 CTS기독교TV 5대 사장으로 취임했습니다. 저는 그때 하나님은 우리가 감당할 수 없는 시험 당함을 허락하지 않으신다는 것과, 피할 길을 주신다는 것을 뼛속 깊이 체험했습니다. 하나님께서는 그동안 내게 허락하신 경영에 대한 지식과 경험을 유용하게 사용하셨습니다. 그리고 셈을 하기 전에 순종하는 법을 가르쳐 주셨습니다. 그 부르심에 순종하니, 하나님은 무너진 CTS기독교TV를 일으켜 세우셨습니다. 저는 지금 헌신 된 임직원들과 함께 하나님 나라를 확장하고자 나름으로 열심히 뛰고 있습니다.

물론 제 삶이 늘 양지에만 머물지는 않았습니다. 원치 않던, 예기치 않던 악재를 만났고, 오해와 음해의 칼에 보이지 않는 피를 흘리기도 했습니다. 이로 인해 저 자신은 물론 제 평생 동역자이며 기도 꾼인 아내도 심적, 정신적, 영적으로 큰 상처를 받았습니다. CTS기독교TV의 부채 청산 과정에서 제 가족을 포함해서 주의 이름을 위해 기꺼이 내어 놓고 헌신한 분들이 한둘이 아닙니다. 개인적으로는 그분들께 아직도 미안한 마음이 있습니다.

저를 아끼고 사랑하는 지인들이 말합니다. 이제 쉴 때가 되지 않았느냐고, '다음 세대'니 '대안학교'니 하면서 왜 자신을 피곤하게 하느냐고. 그러나 지금 저의 관심은 온통 '다음 세대'라는 키워드와 '기독교 대안학교 세우기'에 쏠려 있습니다. 이것들은 제 인생 마라톤의 마지막 트랙과 같습니다. 저는 결승점에 도달할 때까지 달릴 생각입니다. 물론 결승점에서 주님이 기다리고 계시겠지요.

하나님께서는 저와 함께 달릴 주자들을 보내셨습니다. 지금도 계속 보내고 계십니다. 저희 모두가 '다음 세대를 위한 부르심'에 헌신했습니다. 이들은 각자가 속한 일터에서, 학교에서, 교회에서, 시골 마을에서 주의 종으로서 청지기로서 충성하고 있습니다.

이 책은 전국의 기독교 대안학교를 직접 방문하면서 나눈 대화와 자료들을 모은 일종의 탐방기이며 보고서입니다. 또 저의 철학이 담긴 에세이기도 합니다. 더 나아가 대한민국에 있는 5-6만 개 교회를 향하여 내미는 도전장이기도 합니다. 이른바 '한 교회 한 학교'라는 도전장입니다.

이에 응하는 교회와 단체는 단언컨대 하나님의 마음을 시원하게 할 것입니다. 저 또한 제 호흡이 다할 때까지 '다음 세대'라는 푯대를 향해 달음박질할 것입니다.

현장에서 만난 많은 분과의 대화와 CTS기독교TV가 촬영한 영상, 학교에서 제공한 자료 등을 하나로 모아 녹여낸 뒤 일인칭 서술체로 엮었습니다. 다만 주요 내용이나 현장감을 살리기 위해 삽입된 부분은 대화체를 살렸습니다. 여러 학교를 방문했지만, 그 가운데 특성별로 일부만 먼저 소개합니다. 이 책에서는 빠져 있더라도 다음에 이어 소개할 기회가 분명 있을 것이라고 확신합니다. 부족하지만 이 책을 통해 기독교 대안학교에 대한 관심과 열정이 조금이라도 더 뜨거워지길 기도합니다.

노량진에서 한강을 바라보며
CTS기독교TV 회장 감경철

헨리 엠 윌리엄스 비숍 Bishop Henry M. Williamson은 "한 교회 한 학교 OCOS: One Church One School"의 창립자이며 대표이다. 1992년, 그는 "아이 하나를 키우려면 온 마을이 필요하다."라는 아프리카 속담에서 영감을 얻어 이 단체를 설립했다고 한다. 한국기독교대안학교연맹 이사장 정기원 이사장의 말에 따르면, 우리나라의 경우, 평양 대 부흥 운동 때, '한 교회 한 학교' 운동 전개에 대한 논의가 있었다는 기록이 있다고 한다.

## 1장

# '한 교회 한 학교'
# 세우기 운동

# 이 시대를 진단하라

**옛길을 더듬다 – 이 땅의 기독교 교육의 뿌리를 찾아서**

✛

1800년대 후반 이 땅에 선교사들이 발을 디디면서 교육선교와 의료선교를 시작했다. 직접적으로 복음을 전파하는 것이 허용되지 않았기 때문이다. 1885년 아펜젤러는 배재학당을, 1886년 스크랜턴 부인이 이화학당을, 1886년 언더우드 선교사가 경신학교를, 1887년 애니 엘러스는 정신여학당을, 1897년 베어드 선교사는 숭실학교를 설립했다.

이들 선교사는 한국의 근대화에도 많은 영향을 미쳤다.

'주일학교 선데이 스쿨, sunday school'란 표현은 우리나라 선교 초창기에 교회 교육이 대부분 주일에 이루어진 데서 유래한다. 근래에는 주일뿐만 아니라 평일에도 교회 교육이 이루어지는 추세이기 때문에 많은 교단에서 주일학교를 '교회학교'로 부르고 있다(『교회 용어 사전』 참조). 교회마다 다르겠지만 연령대별로 영아부, 유아부, 유치부, 초등부, 중등부, 고등부 등으로 구분된다. 그러나 일반적으로 주일학교라 하면 대개 초등학생까지를 일컫는다.

1885년 1월 15일 스트랜턴 여사는 이화학당에서 처음 '주일학교'를 시작했다. 이어 1890년, 평양과 서울을 중심으로 주일학교의 기독교 교육이 본격화되었다. 1897년에 이르러 평양에는 주일학교가 여섯 개로 늘어났다. 주일학교에 나오는 어린이들의 연령은 5세에서 15세까지였다.

1913년, 처음으로 '조선 주일학교 대회'가 열렸고, 1905년, 최초로 주일학교 공과가 만들어진 것을 고려하면 주일학교의 역사는 100년이 훨씬 넘는다. 이후 주일학교는 무서운 속도로 성장했다. 일제 강점기에 주춤했으나 1960년대 후반부터 한국 교회가 크게 부흥하면서 주일학교도 함께 부흥했다. 교회 내 장년 성도들의 수와 주일학교 학생 수가 거의 비슷할 정도였다. 이러한 성장은 1980년대까지 계속되었다. 그러나 1990년대 후반에 이르러 성장이 뚝 멈추더니, 차츰 마이너스 성장으로 접어들었다. 감리교 선교국 통계에 따르면, 2009년부터 2015년까지 감리교 어린이의 수가 해마다 1만 명씩 감소했다고 한다(〈크리스천

투데이〉 2017.06.22.).

사실 1980년대에 이미 이러한 징후를 예측한 사람들이 있었으나 아무도 귀 기울이지 않았다. 이제 우리가 다시금 경종을 울리고 움직여야 한다. 다음 세대를 살린다는 것은 마치 불이 난 것도 모르고 문을 잠근 채 방안에만 있는 사람들을 문을 부수고라도 끄집어내는 것과 같다.

주일학교가 점차 없어지는 추세다. 이 상태로 계속 가다가는 하나님을 아는 세대가 끊어질지도 모른다. 하나님의 세대가 끊어질 때 어떠한 비극적인 사태가 일어나는지 성경은 보여 준다.

"그 세대의 사람도 다 그 조상들에게로 돌아갔고 그 후에 일어난 다른 세대는 여호와를 알지 못하며 여호와께서 이스라엘을 위하여 행하신 일도 알지 못하였더라(삿 2:10)."

이 세대는 그 어느 세대보다 자기 사랑이 강하다. 스마트 폰과 소셜 미디어로 인해 이러한 현상은 날로 심화하고 있다. 물론 자기 사랑은 인간의 본성이다. 시대적 최고상의 이미지를 온라인에 올리느라 분주하다. 그러나 정작 자신 안에 있는 하나님의 형상은 알지 못한다. 만일 우리가 그들에게 하나님의 올바른 형상을 전하고 가르치지 못한다면 그들은 자기 자신에게 최적화된 하나님, 하나님 아닌 하나님을 만들 것이다.

성경은 다음 세대에 대해 어떻게 말하는가?

"우리가 이것을 숨기지 않고 우리 자손에게 전하여 줄 것이니, 곧 주님의 영광스러운 행적과 능력과 그가 이루신 놀라운 일들을 미래의 세대에게 전하여 줄 것이다(시 78:4, 새번역)."

그나마 명맥을 이을 아이들을 다음 세대의 여호수아로 세우려면 무엇이 필요할까. 다음 세대를 키워낸다는 것, 세운다는 것이 구체적으로 어떤 의미일까? 또 현세대의 끝자락에 서 있는 우리 그리스도인들은 이를 위해 무엇을 해야 할까.

과연 하나님이 간절히 바라시는 것은 무엇일까?

아담과 이브 이후 우리는 늘 다음 세대에게 바통을 넘겨주어야 한다. 그들이 어떻게 달릴지는 그들에게 달렸지만, 최소한 그들이 바통을 떨구지 않고 넘겨받도록 해야 한다. 우리에겐 해답의 열쇠가 주어진 지 오래다. 100여 년 전만 해도 단연코 교회교육이 사회교육 우위에 있었다. 이제 하나님이 필요 없다고 말하는 다음 세대를 위해 '기독교 대안학교'라는 열쇠를 꺼내 들어야 할 때다.

"학교가 점점 교도소와 비슷해지고 있어요. 교도소와 학교는 똑같다고 생각해요. … 방과 후가 되면 상가에 있는 학원에 가고요, 이동할 때에는 봉고차에 실려서 이동하고 이런 상황에서 창의력을 기대한다는 것은 제가 볼 때 정말 웃기는 거예요. …"

_ 유현준 건축가(2018년 3월 19일, JTBC NEWS "소셜 스토리")

CTS기독교TV 방송 사역을 하면서 가장 안타까웠던 것은 주일학교가 없어진다는 것이었다. 주일학교가 없어지고 인구 역피라미드 시대가 되면, 2065년에 우리나라의 노인 인구 비중은 전체 인구 10명 중 4명꼴로 많아질 것이다(〈한겨레〉, 2016.12.28.). 유럽과 비슷한 추세로 교회 역시 현재의 유럽 교회의 판박이가 될 것이다. 주일학교를 살리려면 아이들을 잘 섬기고 가르칠 수 있는 시스템과 커리큘럼이 필요하다. 이것은 한 교회가 독자적으로 해결할 수 없다.

## 저출산과 고령화

✦

사태가 이렇듯 심각하다 보니 '인구 장관'을 신설해야 한다는 말까지 나오고 있다. 한 어머니는 자기 아이 또래의 아이가 얼마나 되나 하고 통계표를 살펴보다가 기겁을 했다고 한다.

우리나라의 합계 출산율(한 여성이 가임기간, 15-49세에 낳을 것으로 기대되는 평균 출생아 수)이 세계 최하위를 기록하자 각 지자체마다 비상이 걸렸다. 말 그대로 '인구절벽 Demographic Cliff'을 넘어 '인구 절멸'이 도래할 것이라고도 말한다.

사실 저출산 문제는 2004년, 이미 사회문제를 넘어 국가적인 문제로 대두되었다. 우리나라의 출산율이 세계 최저수준으로 떨어졌기 때문이다. 이를 해결하기 위해 각계에서 출산장려책을 펼쳤다. 모 금융기관에서는 첫아기를 낳으면 금리 혜택을 준다고 홍보할 정도였다. 이러한 와중에 CTS기독교TV는 현실적이고 역동적인 해결책을 마련했다. 일회성에 그치지 않고 지금까지 꾸준히 여러 가지 형태의 운동을 펼쳐 왔다. '영유아가 나라의 미래다' 캠페인과 영유아 프로그램 제작 그리고 '영유아 보육 추진운동본부'를 설립하여 'CTS 제휴 어린이집'을 개원, 'C-KIDS 스쿨 지원 사업' 등을 시행하였다.

그리고 세미나를 비롯하여 부모와 보육교사를 위한 무료 특강을 진행했다. 또 결혼 예비학교 운영과 낙태 반대 등을 통해 '경건한 믿음의 자녀 낳기 운동'을 펼쳐 나갔다. 2010년에는 '출산장려국민운동본부'를 출범하기도 했다.

국가에서도 10년, 20년 전부터 이러한 상황이 오리라는 것을 예측하고 엄청난 예산을 집행했다. 그런데도 출산율이 0% 선으로 와버렸으니 성과가 있었다고 말할 수 없다.

**멈춰버린 자연 증가율(단위=%)**

0.7
0.3
0.0

2017년 10월　　　2018년 10월　　　2019년 10월

* 자료 = 통계청

저출산의 요인은 다양하다. 그 가운데 보육 문제, 교육 문제, 주거 문제 등이 큰 자리를 차지한다. 출산 문제에 있어서는 여야가 의견의

일치를 보인다.

지난 25년간 CTS기독교TV와 행보를 같이 하면서 나는 기독교적 세계관으로 미래 인재들을 양육하고, 교회를 지역 사회의 교육과 생활의 중심으로 개방함으로써 선교와 차세대 부흥을 이룰 수 있다는 비전을 품어왔다. CTS기독교TV는 다양한 형태의 영상 선교뿐만 아니라 다음 세대를 위한 프로그램 제작에도 힘써왔다. 아울러 출산 장려 운동과 영유아 보육, 교회학교에도 큰 관심을 기울였다.

사람이 없는데 어떻게 교회의 부흥을 논하고, 아이들의 교육을 논하겠는가. 주일학교가 없는 교회가 거의 절반에 육박한다. 통계에 따르면 2018년 기준, 초등부가 없는 교회 47%, 유년부가 없는 교회 47%, 유치부가 없는 교회 57%이다(대한예수교장로회 통합 총회 정책협의회 자료).

이러한 현실 속에서 저출산 문제, 영유아 보육, 다음 세대를 세우는 일 등을 위해 한국 교회가 해야 할 일은 무엇일까? 그때보다 지금은 맞벌이 부부의 비율은 매우 높아졌다. 둘이 함께 벌지 않으면 먹고살고, 자녀를 키우기가 더 힘들어졌다는 뜻이다. 또 다른 측면에서 보면, 가정과 교회와 정부가 공조체제를 이루지 않으면 이러한 변화와 현실을 따라잡기 힘들게 된 것이다. 교육은 영유아 때부터 시작되기 때문에 영유아 보육 사업은 기독교 대안학교의 초석이라고 할 수 있다.

다음 세대를 위한 부르심이란 곧 아이들에게 기독교 교육을 하는 것이다. 그러나 현 교육법에는 "국가와 지방자치단체가 설립한 학교에서는 특정한 종교를 위한 종교교육을 하여서는 아니 된다."라고 명시되어 있어서 이러한 교육은 대안학교라는 틀에서만 가능하다. 그래서 기독교 대안학교가 필요한 것이다. 그리고 올바른 기독교 신앙과 세계관을 지닌 교사들이 이 아이들을 가르쳐야 한다.

교회가 건물이 아니듯 학교도 건물이 아니다. 그러나 건물은 필요하다. 큰 교회나 작은 교회나 주로 주일에 건물을 사용한다. 대체로 주중에는 교회 건물 전체를 사용하는 일이 드물다. 이러한 교회 건물과 시설, 또 일부 인력을 잘 활용하여 주중에 아이들을 돌볼 수 있다. 돌봄, 방과 후 교실, 학교 등 모두가 가능하다. 자원이나 시간의 효용성으로 보아 교회는 이러한 일을 담당하기에 최적화되어 있다. 따라서 교회가 이상적인 모델을 만들어 운영한다면, 오히려 정부도 그것을 벤치마킹할 수 있지 않을까. 거꾸로 우리가 기업이나 정부로부터 지원을 받을 수 있다. 돈이 없어서 학교를 세울 수 없다는 것은 핑계다. 확실한 비전과 구체적인 계획을 담아 제안하면 여러 기관으로부터 지원을 받을 수 있다.

대안학교가 정부로부터 보조를 받는 순간, 자율성에 위협을 받는다는 생각으로 인가를 안 받으려고 하는 학교들이 있다. 그때마다 나는 이렇게 말한다.

"예산 문제해결을 위해 정해진 커리큘럼을 따르고, 교육, 학교 운영에 간섭을 받으면 문제가 많이 생기기는 할 것입니다. 예산을 지원받겠다는 학교가 있고, 그렇지 않은 학교가 있습니다. 그러나 안 받는 것보다는 받는 것이 좋지 않을까 생각합니다. 그러나 법안이 통과되면 약

500개의 학교가 인가를 받아 학력을 인정받게 될 텐데, 우리는 아이들이 될 수 있는 대로 학력을 인정받아 대학교에 진학할 수 있도록 힘을 모아야 합니다. 하지만 지금은 힘이 부족하지요."

기독교 대안학교의 경우도 경영과 전략은 매우 중요하다. 취지나 비전이나 커리큘럼이 아무리 훌륭해도 경영에 실패하면 교사들의 임금 체납 등 여러 가지 심각한 문제가 발생한다. 마치 우리 뇌에 이상이 있을 때 신체의 일부가 마비되고, 그 마비 증상으로 정상적인 활동이 불가능해진다. 물론 '기독교'란 이름을 내건 이상 최고의 경영자요 전략가는 하나님이시다. 그러나 우리는 그분의 청지기요 부르심을 받은 일꾼으로 이 땅에서 최선을 다해야 한다.

## 대안은 존재한다 – 기독교 대안학교 세우기
✛

모든 모델은 예수님에게서 찾을 수 있다. 교육 역시 마찬가지다. 죽어가는 것을 살리시는 것도 망해가는 것을 흥하게 하시는 것도 다 예수님이 하신 일이기 때문이다. 가르치는 일 역시 예수님이 본보기(롤 모델)다. 그분은 역사상 가장 위대한 스승이기 때문이다.

우리가 기독교 교육, 기독교 대안학교에 관해 이야기하기 전에 예수님의 3년 동안의 사역을 떠올릴 필요가 있다. 이 땅의 교육이 기형화된 지 오래다. 교회 역시 제 기능을 못 할 정도로 순수성을 잃었다. 따라서 우리는 이 땅의 기독교 교육의 뿌리를 다시금 돌아볼 필요가 있다. 피 흘림과 헌신, 사람을 얼마나 귀하게 여겼는지, 가르침을 떡보다 더 중요하게 여기던 때를 잠시 돌아본다.

하나님의 백성, 하나님의 일군, 하나님의 리더를 키워낼 수 있는 교육은 얼마든지 가능하다. 우선 기독교 교육과 종교교육의 정의를 명확히 할 필요가 있다. 기독교 교육이 신학이 아니듯 기독교 대안학교는 기독교라는 종교를 가르치는 학교가 아니다. 종교의 벽을 넘어 인간이라는 고귀한 존재를 가르치는 것을 기반으로 한다. 기독교의 핵심가치인 사랑은 만인을 위한 것이기 때문이다.

과연 아무도 가지 않은 길인가? 그렇지 않다. 우리는 길 없는 길을 가는 것이 아니다. 이 길은 이미 100년 전부터 닦여져 있었으나 다니는 이가 없어 무성한 잡초에 가려 안보였을 뿐이다.

이 모두가 교육의 위기를 극복하고, 하나님의 말씀으로 행복한 다음 세대를 키워내기 위해 생겨난 교육 운동이다. 나 역시 이 운동이 한국 교회를 위해, 또 다음 세대를 위한 토양이 되기를 간절히 바란다.

다음 세대를 위한 학교, 이 나라의 미래를 이끌어나갈 미래지향적인 학교로서 기독교 대안학교 설립하는 것 역시 부르심이다. 이 부르심에 우리가 순종만 한다면 하나님이 일하시리라는 것을 확신한다. CTS기독교TV를 세워 가는 과정에서 하나님의 일하심을 충분히 경험했기 때문이다.

다음은 기독교 대안학교 교장, 연구소장 간담회에서 내가 발언했던 내용이다. 내 생각을 어느 정도 잘 대변하고 있다고 생각해서 인용한다.

"CTS기독교TV를 다음 세대 중심 미디어 기관으로 가려고 합니다. 편성 기획의 방향이 전사적으로 1순위가 다음 세대가 될 것입니다. 그러나 우리가 아는 건 한계가 있습니다. 학교 측에서 정보와 의견을 제공해 주시면 방영하여 같이 만들어 가겠습니다.

그래서 한국 교회에 대안학교도 알리고 대정부 관계 홍보도 하고 사회적 인식 개선도 하려고 합니다. 방송을 운영하면서 한국 교회와 학교가 무엇을 원하는지 어느 정도 알지만, 실제 현장에 계신 분들이 오셨으니 의견을 반영하여 잘 정리하고 어떻게 발전할지도 정할 수 있을 것 같습니다.

그리고 내용을 어떻게 방송으로 풀어갈 수 있을지 고민하려고 합니다. 그리고 가장 큰 목적은 한국 교회를 위해서 해 주시면 좋겠습니다.

교회가 다시 살기 위해서는 다음 세대가 살아야 하고 그렇게 하려면 교회가 영유아를 보육하고 초중고를 영성으로 인성으로 교육해 주면 될 것 같습니다.

그래서 여러분들이 중요합니다. 다음 세대 교육 콘텐츠(멘토 특강, 커리큘럼 강의 등)를 만들어서 제공하는 역할을 할 수 있습니다.

정부에서도 교회가 연합해서 다음 세대를 살리기로 하며 지역에 영향을 줄 수 있다면 지원을 받을 수도 있다고 봅니다.

우리 방송국은 순수 복음방송이라는 건 변하지는 않는 가치이고, 섬김과 나눔의 방송으로 어떻게 하면 한국 교회에 섬김과 나눔을 할 수 있을지 고민합니다. 다음 세대를 위해 애쓰는 현장을 보여 준다면 성도들도 감동하고 모금이 될 수도 있다고 생각합니다.

다음 세대를 위해 15년 정도 다니면서 제대로 협력을 못했는데 이제 한국 교회를 위해서 기독교 대안학교 선교는 필수적이라고 생각합니다. 한국 교회를 섬기는 데 잘 동역해 주시기 부탁합니다.

우리가 다음 세대를 이야기하지만, 한계가 있습니다. 대안학교에서 전문적인 교육 부분을 담당해 주셔야 합니다."

대안학교마다 특성이 있고, 설립 동기도 다양하다. 예수향남교회처럼 담임목사님의 철학과 비전으로 세워진 곳이 있는가 하면 담임목사님께 "학교를 세워 주세요."라는 한 아이의 부탁으로 세워진 반디학교가 있다. 교회가 먼저 세워지고 학교가 생긴 곳이 있는가 하면, 학교 안에 교회가 나중에 생겨나는 경우도 있다.

여하튼 대안학교는 공교육이 할 수 없는, 아니 하지 못하는 그 어떤 역할과 기능을 하고 있다. 세계는 무서울 정도로 빠르게 변화하고 있다. 이러한 변화 속에서 그리스도인들은 다음 세대를 위해 무엇을 할 수 있을까? 공교육을, 정부를, 위정자들을 비판만 하고 있을 것인가?

한 세대가 변화되려면 최소한 10년에서 20년, 30년이 필요하다. 이러한 변화에 방향을 제시하고, 힘을 보태기 위해 CTS기독교TV는 여러 가지 방법으로 돕고 있다. CTS기독교TV는 재정적으로 약하지만, 한국 교회의 미래를 생각하지 않을 수 없다. 특히 다음 세대를 위한 대안 교육의 발판을 마련하고 성장과 확장을 돕기 위해 기독교 교육이라는 내용과 기독교 대안학교라는 틀을 한국 교회에 제시하고 싶다. 이것이 한국 교회의 미래를 위한 일이다.

단 한 명의 학생이라도 믿음과 사랑으로 섬기고, 가르치면 부모는 자연스럽게 교회에 발을 디디게 된다. 다른 유치원을 다니다가 이곳으로 오는 아이들도 있다. 그 아이들이 이곳에 온 후로 행복해하는 모습을 보는 부모 역시 행복해한다. 그리고 자발적으로 교회에 나오기 시작한다. 마치 줄기를 뽑으면 주렁주렁 딸려 나오는 감자처럼 부모뿐 아니라 할아버지와 할머니까지 나온다.

하나님의 사람들은 기독교 대안학교를 통해 교회의 수입을 늘리자는 생각을 해서는 안 된다. 이것은 세상이 즐겨 쓰는 계산법이다. 교인 수가 늘어날 테고, 교인 수가 늘어나면 재정 문제도 해결되지 않겠는가. 그러나 정말 중요한 것은 이곳에서 배운 학생들이 크면 교회로 돌아온다는 것이다. 반드시 같은 교회일 필요는 없다. 상황에 맞게 전국 어느 곳이든, 세계 어느 국가이든 자기가 배우고 자랐던 하나님의 집으로 돌아온다는 것이다. 이것이 바로 교회가 근시안적 시각에서 벗어나 먼 미래를 보고 투자해야 하는 이유다.

또 공교육을 능가하는 대안 교육을 실행하면 정부와 국회도 움직일 수밖에 없다. 한국 교회 전체가 살아날 수 있다. 규모가 크고 작음은 전혀 중요하지 않다. '예수향남교회'는 이러한 미래지향적 대안학교의 좋은 모델이다. 적극적인 홍보를 통해 학교에 대한 홍보가 활발해지기를 바란다. 또 이러한 학교가 자꾸 늘어나기를 바란다. '예수향남교회' 유치원의 정해숙 원장은 말한다.

"크고 대단한 학교를 시작하려면 엄두가 안 납니다. 그런데 작은 학교를 목표로 하니까 되더군요."

왜 기독교 대안학교를 설립해야 하는가? 이 질문은 숱하게 던져졌고, 전문가마다 저마다 논리정연하게 답변해 왔다. 공통된 의견이 공교육으로서는 해결할 수 없는 문제가 산재해 있다는 것이다. 인성과 지성과 신앙을 균형 있게 가르칠 수 있는 틀은 기독교 대안학교 밖에는 없다는 결론이다.

이 질문에 대해서는 이어 소개하는 여러 학교의 탐방 기록을 통해 보다 다각적이고 구체적인 답을 얻게 될 것이다.

## 세상을 바꾸려는 사람들

✚

이어서 출산과 보육 문제를 성공리에 해결한 몇 사례를 소개한다.

# 당진동일교회

당진동일교회 전경

## '다음 세대 세우기 운동 공동체' – 비전스쿨

✦

충청남도 당진시 수청로에 위치한 교회다. 이수훈 담임목사님은 충청남도 서천군 서천읍 사곡리에 있는 어느 폐가와 농가 마당에서 예배를 드렸다. 그러나 1996년 늦가을, 갑자기 쫓겨나 어디로 갈지 몰라 막막할 때, 산골 밭 구석에 작은 비닐하우스에 처소를 마련하고 설립 예배를 드렸다. 1998년에 비로소 예배당이 지어졌는데, 이때 이미 '살렘 어린이집'도 함께 시작했다. 단계별 돌봄 교실을 운영함으로써 저출산과 보육 문제를 효과적으로 해결해 가고 있다. 2019년 '저출산 극복' 대상(복지부 장관상)을 수상했다.

'다세운 공동체', 즉 '다음 세대 세우기 운동공동체'를 통해 지난 19년간 아이들을 돌보고 양육해 왔다. 흔히 비전스쿨 VCA: Visionary Christian Academy 로 불린다.

통계청이 발표한 2017년 출생 통계에 따르면 당진시의 합계출산율은 1.65명으로 전국 기초 시 가운데 1위를 차지했다(〈충청뉴스〉, 2019.01.17.).

"당진초등학교의 12.4%가 우리 교회 아이들입니다."

사실 보육·돌봄은 국가에서 책임져야 한다. 그러나 거액의 예산을 들이고도 아직 큰 성과가 없다. 과거 정권 때 조찬기도회 회장으로서 대통령과 함께 식사하며 대화를 나눌 기회가 있었다. 그때에도 화두는 저출산과 보육 문제였다. 요즈음 젊은이들은 결혼 자체가 어렵고, 결혼해도 아이를 낳는 것을 망설인다. 아이를 낳는다고 해도 보육과 교육이 문제다. 이 문제를 국가 혼자 하기보다는 교회가 중심이 되어서 할 수 있다. 특정 종교를 지지하는 문제와는 결이 다르다. 예컨대 불교의 경우 결혼 문제나 자녀 문제가 크게 와 닿지 않지 않는가. 정부 측에서도 이 제안에 많은 관심을 보였기에 다음 날 청와대 주요 인사가 직접 찾아와 이 문제에 대한 논의를 계속한 적이 있다. 바로 이것을 이수훈 목사님이 성공리에 이 모든 것을 이행하고 있는 것을 보니 기쁘기 그지없

"보육과 교육의 고민은 교회가 나서면 도울 수 있습니다."

다. 현재 이 교회에서 실행하고 있는 돌봄 시스템이야말로 정부에서 벤치마킹해서 전국으로 확산시킬 필요가 있다.

당진동일교회는 이제 만 22년을 넘어섰다. 목사님 말에 따르면 오직 불신 이웃만을 전도하겠다는 마음으로 교회를 개척했는데, 도시에는 교회들이 많아서 일부러 이곳까지 왔다고 한다. 이 교회는 명실공히 가족 교회가 되었다.

당진동일교회 건물은 2009년 '국민교회 건축상(〈국민일보사〉와 〈월간교회건축〉이 그리스도의 몸 된 교회 건축물의 참된 가치를 되새기고 교회 건축의 바른 모델을 제시하기 위해 만든 상_출처: 〈국민일보〉)'에 응모하여 입선하기도 했다. 교회 건물은 주일을 제외한 평일에는 방과 후 교실로 사용하는 데 활용도가 아주 높다.

"학교 교과서를 보면 개인주의 시대를 실감할 수 있습니다. 예전처럼 가족이나 미래를 위해 살지 않습니다. 그러나 이곳은 동네별로 선배가 후배의 멘토가 되어 더불어 살아가는 관계를 배우는 가족 교회입니다."

수평적 생활에 익숙한 아이들이 어른이 되어 사회생활·직장생활을 하게 되면 수직적 생활에 쉽게 적응을 못 한다. 그러나 비전스쿨을 다녔던 아이들은 1학년에서 6학년까지 서로 어울려 지내면서 사회성과 돌봄 정신을 키운다. 이 아이들은 중고등학교에 가서도 남다른 지도력을 발휘한다.

'비전스쿨'은 방과 후 돌봄 기관이다. 비전스쿨에서는 신입생 환영회 때 6학년 학생이 1학년 학생을 업어 준다. 이것은 앞으로 이 아이들이 어떻게 생활을 하게 될지 보여 주는 상징이다. 자격을 갖춘 엄마들이 교사로 활동하고 있으며, 오후 1시부터 8시 30분까지 한 선생님이 10명 정도의 아이를 돌본다.

현실적으로 직장을 다니는 엄마들은 대개 저녁 8시가 되어야 집에 돌아갈 수 있다. 그러나 마음 놓고 직장생활을 할 수 있는 것은 이곳에서 아이들을 보살펴 주고 저녁까지 먹이기 때문이다. 아이들이 수업을 마칠 시간이면 교회 집사님들이 학교 운동장에서 기다리다가 아이들을 데리고 온다. 믿음이 없던 부모들도 아이들을 이곳에 보내면 안심한다. 한 달만 다녀도 아이들의 인성에 변화가 있음을 알고 기뻐한다. 그리고 자연스레 아이들을 따라 교회에 나오게 된다. 비전스쿨은 '엄마 공동체'이기도 하다. 아이들이 안전하게 교회 버스에 탑승할 수 있도록 지도하며, 모든 아이를 내 아이처럼 생각하고 간식을 준비하며, 아이들에게 새로운 수업을 진행한다. 부모들이 비전스쿨에 대해 한결같이 "안심하고 보낼 수 있는 곳"이라고 말한다. 또 혼자가 아니라 마을 공동체가 함께 아이를 키우고 있는 것 같다고 입을 모아 말한다.

학부모들은 비전스쿨에 대해 이렇게 말한다.
"사교육비는 줄이고 아이의 꿈이 쌓이는 적금 통장이에요."
"우리 가족이 당진에 남아 있을 수 있는 이유랍니다."
"워킹 맘에게 걱정 없이 아이를 맡길 수 있는 곳이에요."
"믿음과 사랑을 담은 아이들의 배움터에요."
"아이가 게임에 빠져 살지 않게 해 주는 곳이에요."
"안전하고 선한 돌봄이 있는 곳이에요."
"믿고 아이를 보내도 되는 곳이에요."

비전스쿨의 교육은 다양하다.

몇 가지 예를 들자면, '1인 1악기' 교육을 하면서 아이들의 음악적 지성을 함양하고, 결과물로 졸업발표회를 열기도 한다. 이 과정을 통해 아이들의 자신감이 크게 자란다. 자연스럽게 생활 영어를 습득할 수 있는 '영어 수업'은 매일 진행된다. 매해 개최되는 영어 캠프도 빼놓을 수 없다. 일종의 국제 교류 캠프로서 초청된 원어민들과 함께 3주간 진행된다. '예절 수업'을 통해 인사예절, 식사예절 등을 배우며 인성을 키운다. 이 외에 역사 공부와 더불어 박물관 유적지를 직접 방문하면서 우리 역사를 되새기는 '역사 수업'이 있다. 매주 수요일은 '플레이 데이 Play

~Day~'로 모든 학년이 함께 놀이와 체험활동을 즐긴다. 놀이 하나하나에
도 다 의미가 담겨 있다.

아이들은 비전스쿨에 대해 이렇게 말한다.
"세상에서 가장 귀한 보물이에요."
"즐겁고 정말 좋은 곳이에요."
"생각의 폭을 넓히는 곳이에요."
"학교보다 더 신나는 곳이에요."
"즐거운 토요일 같은 곳이에요."
"나의 또 다른 집이에요."

아이들이 큰 소리로 외쳐 부르는 찬양 속에는 하나님의 비전을 품
고, 예수님의 성품을 닮으며, 성령님의 능력을 행하는 사람이 되겠다는
다짐이 담겨 있다.

당진동일교회 비전스쿨 아이들

그동안 내가 기도하면서 마음속에 그려왔던 기독교 대안학교와 "한 교회 한 학교 세우기'의 청사진을 이곳에서 확인할 수 있었다. 참으로 감사하고 힘이 나는 일이다. 비닐하우스에서부터 잉태된 교회, 학교 그리고 하나님 나라가 이렇듯 큰 열매를 맺었으니 말이다. 아무쪼록 한국의 많은 교회에서도 제2, 제3의 '비전스쿨'이 새롭게 생겨났으면 좋겠다는 바람뿐이다.

지금 교회가 나서서 다음 세대를 세우지 않으면 "만시지탄 晩時之歎: 때 늦은 한탄"이 될 것이 뻔하다. 이것이 내가 하고픈 단 한마디다.

이수훈 목사님과 함께

# 과천약수교회
## 말씀으로 다음 세대를 세우는 교회

과천약수교회의 쉐마 교육 현장

### '쉐마 교육' – "들으라"

✛

경기도 과천시 별양로에 있는 교회로 "다음 세대를 위해 최선을 다하는 교회, 영혼 구원에 힘쓰는 교회"라는 슬로건을 내걸고 있다. 쉐마 교육의 선두주자인 과천약수교회는 '쉐마 교육'을 통해 교회학교를 살리고, 세대 간의 소통을 이끌어 가고 있다. '쉐마 교육'과 '세대 통합예배'를 통해 신앙을 전수하고 다음 세대의 주인이 될 준비를 하고 있다.

"쉐마 shema"는 신명기 6장 4절의 첫머리에 등장한다. "이스라엘아 들으라." 이 말씀은 그냥 듣기만 하라는 것이 아니라 행동으로도 옮기라는 하나님의 명령이다. 설동주 목사는 쉐마 교육의 필요성을 역설하면서 한 가지 사실을 분명히 했다.

"유대인의 교육을 하자는 것은 아닙니다."

쉐마 교육은 절대 주입식 교육이 아니다. 말씀을 통해 사고하고, 토론하고, 행동하는 살아 있는 교육이다. 쉐마 교육의 핵심은 질문과 토론이다. 질문을 통해 생각하게 된다. 예수님은 질문 토론을 약 310번 정도 하셨다.

'쉐마학당 연구소'에서는 창세기부터 요한계시록까지 연령대에 맞는 교재를 만들고 있다. 이 교재에는 인성교육도 포함되어 있다. 교재가 있으니 주일학교 선생님들은 분반 공부가 전혀 부담스럽지 않다. 교재에 있는 대로 자신과 아이들에게 질문을 던지고 토론을 하면 되기 때문이다.

또한 글로벌 콘퍼런스를 통해 쉐마 교육에 대한 관심이 높아지면서 중국어, 영어, 일본어판 교재도 발간한다.

성경 본문을 보고 다섯 가지 주요 질문에 대해 생각하고 답하고 토론한다. 예를 들자면 지도자란 무엇이라고 생각하는지 세 가지로 대답해 보라고 한다. 그리고 왜 그렇게 생각하는지 묻는다. 이렇게 질문하고 토론하면서 아이들의 머리는 사고형으로 자란다. 그리고 부모님과 함께 질문 토론하고, 발표하는 과정에서 자존감이 높아진다. 토론을 통해 부모와 삶의 문제를 다룬다. 또 '고민을 이야기하기', '희망 사항을 이야기하기', '부모님께 상담하기' 등을 통해 성경을 생활에 어떻게 적용할지 배운다. 토론을 마치면 항상 부모님과 자녀가 서로 칭찬하는 시간을 갖는다.

설동주 담임목사는 말한다.

"교회학교 아이들은 유감스럽게도 설교 시간을 가장 싫어해요. 아이마다 집중할 수 있는 시간이 학년별로 다르죠. 영아부와 유치부 아이들은 3분 이상 집중하지를 못해요. 아이들의 눈높이에 맞는 성경 교육이 필요하다고 생각했습니다."

쉐마 교육은 한 공간에서 45분 정도 진행된다. 영아부터 청년까지 함께하지만 전혀 문제가 되지 않는다.

이 교회를 찾는 이들의 정착률은 약 82.5% 정도로 상당히 높다. 그 주된 이유는 아이들이 좋아하기 때문이다. 아이들이 좋아하면 부모들은 따라오기 마련이다. 다음 세대인 아이들에게 초점을 맞춘다는 것이 얼마나 중요한지 다시 한번 상기시킨다. 과천약수교회가 '쉐마학당'을 연지 10년차다. 쉐마학당은 가정을 살리고, 아이들과 부모 사이의 소통을 살린다.

쉐마 교육이 경직된 사고를 갖게 하지는 않은지, 아이들이 바리새

인처럼 되지는 않을까 하는 염려도 있다. 그러나 이 교회에서 실행하고 있는 쉐마 교육을 찬찬히 들여다보면 이런 점들은 전혀 문제가 되지 않는다는 것을 확인할 수 있다. 오히려 쉐마 교육을 통해 부모와 자녀 간의 소통이 풍성해지고 있다. 누구나 인정하는 사실이지만 요즈음 아이들은 가족과 대화를 나누기보다는 게임이나 SNS에 빠져 있다. 그러나 쉐마 교육을 시작하면서 아이들에게 놀라운 변화가 일기 시작했다.

아이들은 말한다.

"평소에는 엄마랑 단둘이 이야기하기가 힘든데, 쉐마학당에 오면 토론하면서 하고 싶은 말을 다 할 수 있어요. 다른 아이들도 다 엄마랑 토론하고 있어서 전혀 어색하지 않아요."

"엄마랑 같이 있는 것만으로 좋아요, 그런데 엄마랑 성경공부를 하니까 더 좋아요."

"아빠랑 대화할 시간이 거의 없는데 여기서는 대화도 많이 하고, 많이 배워서 좋아요, 아빠랑도 친해지고 하나님이랑도 친해졌어요."

이처럼 쉐마 교육은 엄청난 성과를 낳았다. 무엇보다 말씀을 통해 다음 세대들은 기독교적 가치관을 품게 되었다. 날로 삭막해지는 세상에서 부모와 자녀 간에 따뜻한 대화를 끌어냈다.

무엇보다 놀라운 것은 주일 예배에 임하는 아이들이 완전히 달라졌다는 것이다. 아이들은 눈을 반짝이며 열정적으로 예배를 드린다는 것이다.

　이러한 성과가 입소문으로 전해지자 전국의 목사님들이 모여와서 수업을 참관하고, 훈련을 받는다. 지난 10년간 쉐마 교육당에서 교육을 받은 목사님들이 4천 5백 명 정도 된다.

　토론을 하는 부모와 자녀들의 얼굴이 너무도 밝다며 놀라는 사람들이 많다.

　"일 년이면 52주니까 52번, 10년이면 520번 부모와 자녀가 얼굴을 맞대고 대화를 하는데 어떻게 얼굴이 밝아지지 않을 수 있겠습니까? 게다가 쉐마 교육을 받은 아이들은 나무처럼 곧게 자라고 있는 것을 봅니다. 사춘기가 찾아와도 원만하게 넘어갑니다. 부모와의 소통이 잘 되니까 당연한 일이지요."

　쉐마 교육은 한국 교회의 다음 세대에 다시금 불을 지피는 데 성공

부모와 자녀가 함께하는 쉐마 교육으로 다음 세대에 신앙의 유산을 전수하고 있다.

한 것이다. 이제 쉐마 교육은 과천약수교회 뿐만 아니라 한국 교회의 다음 세대를 살리는 꿈을 가지고 있다. 이러한 비전의 하나로 2019년 11월, 사단법인 주무관청으로부터 정식인가를 받아 '쉐마학당연구원'에서 '사단법인 쉐마학당연구원'이 되었다.

쉐마학당연구원에서는 쉐마 프로그램의 장점을 살려 부모와 자녀가 함께하는 1박 2일 수련회를 열었다. 수련회를 통해 부모와 아이들은 고기잡이도 하고, 가훈 만들기, 연 날리기, 고구마 캐기 등을 한다. 독립기념관이라든지 서대문형무소, 대통령 기록관, 양화진 등을 방문하면서 국가관과 선교관을 가르치기도 한다. 특히 부모 세족식을 하면서 아이들은 즐거워하고, 부모들은 감동의 눈물을 흘린다.


이러한 프로그램이 한국 교회 전체로 확산하기를 바란다. 현재 700여 개 교회가 실시하고 있다고 한다. 그리스도인이라면 좋은 것은 다른 사람과 나누는 것이 마땅하다.

사단법인 인가를 받았기 때문에 정부나 지자체로부터 보조금을 지원받을 수 있다. 전보다 훨씬 자유롭게 운동을 확산할 수 있게 되었다. 찾아보면 기독교 문화를 확산시킬 수 있는 콘텐츠가 아주 많다.

쉐마학당 15기 특강을 마쳤고, 2020년이면 16기가 된다. 특강을 맡았던 한 교수님은 이 일을 교회만 할 것이 아니라 학교에서도 해야만 한국의 교육이 변화한다고 역설했다. 누구나 인성교육의 중요성을 부르짖고 있다. 이제 불신자 다음 세대들에게도 다가가 기독교적 세계관을 불어넣을 것이다.

# 전주창대교회
## 그리스도를 알고, 누리고, 전하는 교회

전주창대교회 앞에서

교회를 살리고, 다음 세대를 살리고, 가정을 살리는 전주창대교회를 소개한다.

"오직 성령이 너희에게 임하시면 너희가 권능을 받고 예루살렘과 온 유대와 사마리아와 땅 끝까지 이르러 내 증인이 되리라 하시니라(행 1:8)."

이 말씀을 토대로 가정과 가문, 민족과 세계를 부흥시키는 것을 모토로 하고 있다.

전주창대교회는 다음 세대를 뛰어 넘어 1,000대를 바라보며 3, 4대를 책임질 교육, 복지, 문화, 건강, 환경, 사역 가운데에서도 특히 여러 가지 교육 사역을 하고 있다. 그 가운데 몇 개만 추려보면 다음과 같다.

## 비전학교 VIS (전주창대교회 기독교 대안학교)

✛

"대안학교는 어떻게 시작된 것입니까?"

"네, 비전스쿨 방과 후 학교 만으로 한계를 느껴서 방과후 학교와는 별개로 대안학교를 설립하게 되었습니다."

"대안학교를 시작하신 지 얼마나 되었습니까?"

"2009년에 시작했으니, 햇수로 12년째 되는군요."

비전학교의 책걸상 및 아이들이 사용하는 가구 대부분이 원목으로 만들어져 있다. 나뭇결 사이사이 거무스름하게 보이는 옹이가 너무도 자연스럽다. 나무가 지닌 생명력을 아이들에게서도 얼핏 얼핏 보인다.

교복을 입은 아이들이 뭔가 열심히 만들고 있었다. '아두이노 Arduino 동아리'인데 음악 연주를 할 수 있는 프로그래밍을 하는 중이라고 했다. 이 동아리에서는 지문인식 센서를 만들어 설치하기도 한다고 했다.

* '아두이노'란 공개 소스 하드웨어이다. 일종의 작은 컴퓨터라고 할 수 있는 마이컴 보드다. 프로그램을 업로드시키면 모터가 돌아가기도 하고, LED 가 반짝거리기도 한다. 조금 더 보완하면 드론이나 로봇, 3D 프린터 같은 기기도 만들 수 있다.

"1,000대를 바라보는 안목으로 3, 4대를 책임지는 목회를 해야 합니다."

과학적 활동을 직접 해 보기 위해 만들어진 동아리이다. 이 동아리 활동을 통해 아이들의 과학적 창의력, 수학적 창의력이 많이 향상되는 것을 확인한다고 했다.

이번에 한 학생이 과학고에 입학했다. 과학고에서 하는 말이 대안 학교 출신이 들어온 것은 이번이 처음이라고 했다.

교장이며 지도 목사님인 전주창대교회의 조성민 담임목사는 "오만 한 인간 중심적 교육에 절망해서 하나님 중심적 교육을 해 보자."라는 취지에서 비전학교를 설립하게 되었다고 말한다. 따라서 비전학교의 모든 교육 과정의 초석은 성경이다. 비전학교는 하나님이 기뻐하시고, 부모와 교사가 행복하고, 학생들이 행복한 학교를 꿈꾼다. 더 나아가 이 땅에 하나님 나라를 굳게 세울 다음 세대의 지도자를 키우고 있다.

비전학교는 4-7세를 대상으로 하는 '쉐마 영어 유치원 쉐마 킨더가든 부'

와 초등학교, 중·고등학교로 구성되어 있다. 대학 진학에 있어서는 가능하면 부모가 있는 전북권과 우리나라의 대학을 추천하고 있지만, 글로벌 리더로 꿈을 꾸는 소수 학생들을 위해서 미국 및 기타 전공에 따라 해외 우수 대학 입학을 위한 유학 준비반이 있다. "비전학교 졸업 후, 특례 장학 입학 프로그램을 통해 미국 주민과 같은 액수의 교육 경비 학기당 $2,000~$4,000 혜택을 받아 국내 대학 정도의 비용 기숙사 & 식비 포함 1년 약 $13,000 으로 미국 주립대에서 유학할 수 있습니다(모집 요강 참조.)."

"회장님이 오신다고 해서 귀한 것을 준비했습니다."
목사님이 친히 대접하는 백초차 지리산 230가지로 발효시킨 약초차 를 마시면서 이야기를 나누었다.
최근 조성민 목사는 선교 차 미얀마와 방글라데시에 다녀왔다. 그곳에도 학교를 세우는 비전을 품고 있다. 학교 설립을 통해 선교하는 것이다.
"전주창대교회와 같은 선교 비전을 가진 '만만만 생명운동 NGO'과 함께 유엔이 정한 49개의 최빈국에 학교를 세우고 장학금을 통해 리더를 양육하려고 하고 있습니다. 그래서 아프리카, 우간다, 탄자니아, 파키스탄, 방글라데시 등에도 학교를 세우고 있습니다."

조 목사님은 교육의 중요성을 잘 인식하고 있었다.
"천대를 바라보는 역사적 안목을 갖는 것이 중요합니다."
최소한 3, 4대의 신앙을 책임지는 목회를 해야 한다고 했다.
"수직적으로 3, 4대 수평적으로 3, 4대로 이끄는 교회가 필요합니다. 우리나라는 수평적으로는 열심히 했어요. 그러니까 기독교가 신학은 정말 열심히 했습니다. 사도행전 1장 8절 말씀을 열심히 실천했지요, 하지만 가정과 가문을 세우는 수직적 3, 4대도 중요합니다. 왜냐하면, 그렇게 할 때 문화와 역사가 생기거든요."

동감이 가는 말이다. 이 땅에 기독교 역사, 기독교 교육 역사가 100년이 훨씬 넘었지만, 교육은 침체하였고, 기독교 문화 같은 것은 없다. 이러한 상태에서 앞으로 150년만 더 지나면 그나마 있던 기독교 문화도 다 없어질 것이다. 영국과 독일 교회가 이를 잘 증명해 준다. 그래서 전주창대교회에서는 가정 교회 세우기, 신앙의 가문 세우기를 강조한다. 기독교 대안교육 역시 이와 같은 맥락이다.

현재 2019년 기준 학교 학생이 85명 정도 있다. 방과후 교실에는 45명 정도가 있다.

필리핀의 마닐라 북쪽 아라얏산길에 약 8천 평 부지의 "만만만 생명운동 해외본부"에 필리핀 클락 글로벌 리더 학습관이 있다. 이곳에서 '글로벌 리더 캠프'를 진행한다. 일반 캠프와는 달리 전주창대교회에서 진행하는 캠프는 돈이 그리 많이 들지 않고 해외 캠프를 진행한다. 이것이 학생들의 영어 실력에도 큰 도움이 된다.

훈련에 남다른 달란트가 있는 조성민 목사는 공부도 일종의 훈련이고, 그에 상응하는 매뉴얼이 있다고 말한다. 예를 들어 아이들은 금요일마다 시험을 치르는데, 90점 이상을 목표로 한다. 이 학교는 절대 정부의 인가를 받지 않겠다고 한다. 만일 인가를 받게 되면 자유롭게 예배도 못 드리고, 기도도 못 하기 때문이다. 따라서 진학을 원하는 학생들은 검정고시를 반드시 치러야 한다. 그러나 걱정할 것이 없다. 검정고시 합격률은 100%이다. 중학교 3학년 과정에 이미 합격하는 학생들도 있고, 늦어도 고등학교 1학년 2학기에는 합격한다. 그리고 이때부터 자기 비전과 달란트에 맞는 협장 중심의 자기주도적인 진짜 공부를 하게 된다.

## 사람을 살리는 교회

✦

전주창대교회에서는 1년 전에 비전창대교회를 세웠다. 창대교회의 제자훈련된 평신도들이 달란트와 시간을 기부하여 세운 특별한 교회다. 그리고 비전창대교회는 부교역자가 아닌 담임목사를 훈련시켜 국내외 12개 이상의 교회를 세우는 비전을 담고 있는 독특한 교회다.

비전창대교회에는 약 15년 전에 세워진 '개미목 개척미자립목회 훈련센터'가 함께 하고 있다. '개미목 훈련센터'에서는 매주 월요일 여러 강도 높은 훈련을 진행하고 있다. 매주 월요일 오전 10시가 훈련 시간이다. 말씀과 기도로 무장한 후에는 직접 현장 전도 훈련을 나간다. 이때 복음을 전한 사람 중에 1장 이상의 등록 카드를 받고, 3일 안에 가정 교회를 세우는 훈련을 받게 된다.

"저희 교회는 95% 이상이 불신자를 전도하여 채워진 교회입니다. 아마 전국에서도 이런 교회는 없을 것입니다."

목사님의 말대로 대다수가 수평 이동을 한다. 이것은 진정한 교회 부흥이라고 할 수 없다. 그러나 훈련을 제대로 받으면 얼마든지 불신자 전도가 가능하다고 말한다. 등록한 성도들은 제자훈련을 받는데 교회의 안수집사, 권사 중 1명과 함께 받도록 하고 있다. 그리고 훈련은 달란트 별로 12명씩 제자를 훈련하고 세운다. 세워진 제자들은 봉사 현장에 투입된다.

또 '개미목 훈련센터'에는 교회 개척 매뉴얼이 있어서 그 매뉴얼대로 훈련을 시킨다고 한다. 조성민 목사는 보내는 것을 강조했다.

"개미목에서 담임목사로 훈련받은 목사님은 예수님이 제자들을 훈련시켰던 것처럼 3년 동안 훈련을 받은 후에는 개척해서 나가야 해요. 그리고 나가서도 똑같은 비전을 갖고 목회를 하게 됩니다."

분가시키는 것은 부모가 자식을 키워서 분가시키는 것과 똑같다고 말한다. 평신도 제자훈련 뿐만 아니라 목회자 제자훈련이기도 하다.

개미목에서 목회자들은 역량에 따라 6개월에서 3년간 훈련을 받은 후 도시나 농촌 그리고 해외 선교지를 막론하고 교회를 개척한다. 또는 이미 개척하였으나 100명 미만의 목회를 하고 있는 목회자에게도 제2의 개척을 하는 마음으로 목회를 할 수 있도록 재훈련과 환경에 합당한 도움을 주기도 한다.

"선교도, 기독교 대안학교도 마찬가지라고 생각합니다."

선교 교회를 지을 땐 반드시 땅은 본인들이 준비해야 한다는 원칙이 있다. 그리고 12명의 훈련된 제자가 있어야 한다. 이 두 가지가 갖추어지면, 창대교회에서 미리 기초공사 설계를 보내 준다. 그다음 현지 성도들에게 기술을 가르쳐 주고, 선교비를 지원해서 필요한 자재를 준비한다. 이렇게 하면, 30평, 50평 정도의 건물은 일주일 내에 다 지을 수 있다. 창대교회에서 훈련을 받은 팀들은 이렇게 해외에 나가 교회를 세우는 것으로 가족과 함께 휴가를 사용한다. 처음부터 크게 지을 필요가 없다. 더 넓은 공간이 필요하면 훈련받은 교회가 스스로 알아서 지을 수 있다.

이런 매뉴얼을 따라 작년 여름에 미얀마 신학생들을 위한 73평 크기의 기숙사를 지어 주었던 예를 들며 이렇게 강조하셨다.

"얼마나 멋집니까? 구원을 받고 이처럼 교회도 세우고 학교도 세우는 것이."


교회가 문을 닫는 것은 비단 농촌만의 현상이 아니다. 미국의 초대형 교회도 가보면 비어 있는 곳이 많다. 그래서 작은 교회들이 임대해서 사용하고 있다. 이 현상은 훈련을 시키지 못한 신학교와 선배 목회자들이 문제라고 조성민 목사는 역설한다. 근본적인 문제는 세미나 같은 것으로 해결될 수 없다. 체험시키지 못하는 세미나로는 건강한 개척 교회의 자립을 도울 수 없다. 개미목에서 적용하는 선교 전략 중 자립을 위해 농장을 가꾸도록 한다. 한 예로 김제와 전주에 무화과 농장이 있는데, 바자회 때 무화과를 팔고 수익금과 똑같은 액수를 더 보태서 자립 교회에 주었다. 출발자금으로 무화과나무 모종을 사 주고, 그것을 수확하면 판매를 도와주었다. 수확해도 판매가 쉽지 않은 것이 농촌의 현실이라고 했다. 우리 일행도 그 무화과를 맛볼 수 있었다.

지금도 창대교회는 꾸준히 농촌 교회, 개척 교회, 미자립 교회 등이 스스로 자라도록 돕고, 그곳에 어르신 유치원, 무료 카페 등을 만들고 있다. 또 귀농인들을 위한 프로젝트도 구상하고 있다. 이들이 프로젝트를 통해 리더십을 키우게 될 것이다. 그리고 그 지역 사회에 영향력을 미칠 수 있는 리더가 되면 지역도 살릴 수 있을 것이다. 더 나아가 도시와 농어촌에서 서로 유기적, 입체적으로 동역하는 교회들이 생겨날 수 있기를 기대한다.

현재 4층은 주일에만 사용하므로, 리모델링하여 24시 기도의 집과 어르신 유치원 그리고 영아부실과 수유실을 만들고 있다. 어르신 유치원은 주간 복지시설과 다르게 정부의 도움을 받지 않는 치유 학교로 건강 관련 매뉴얼도 함께 만들었다.

"어르신들은 건강에 관심이 많으니 영육 간에 건강하시도록 도와드리려고 합니다. 그리고 자녀들에게는 효 교육 프로그램을 연계하려고 합니다. 안타까운 것은 많은 교회에서 이런 일에 관심이 없다는 것입니다. 그래서 이런 일을 할 땐 외롭기도 합니다."

비전창대교회에서는 카페를 만들었다. 그리고 카페에서 하는 바리스타 교육도 달란트 교육처럼 전도하고 양육할 수 있도록 훈련한다. 사람들이 모여들게 하기 위해서다. 요즈음은 어르신이나 젊은 사람들이나 모두 카페 문화가 유행이다. 그래서 그곳에 북 카페, 무비 카페와 더불어 홈스쿨링과 기독교 대안학교도 얼마든지 시작할 수 있다고 말한다.

기존 교회들은 종종 창대교회 이야기를 듣고 따라하고 싶지만, 시설이 안 되어 있다거나 자금이 없어서 못 한다고 말한다. 그러나 시설은 비전창대교회를 보면, 단층 건물만 있어도 가능하다. 조성민 목사는 목회자들이 잘 훈련되면 기존 교회에 가서 목회하는 것보다는 개척하는 것이 더 빠르다고 말한다. 마가복음 1장에 나오는 예수님의 사역 일정과 잠언서의 "게으른 자들아 개미한테 가서 배우라."는 말씀을 예로 들면서 사람들의 게으름을 질책한다.

"요즘은 십자가를 지려 하지 않아요. 십자가 없는 부활만 생각하는 것이지요."

조성민 목사는 재능기부를 할 수 있는 사람들을 모으기 위한 카톡방을 만들었다고 한다. 수도권에 있다가 지방에 내려와서 느낀 점은 인재 구하기가 힘들다는 것이라고 했다. 그래서 수도권에서 구상하던 것과 이곳에서 하려는 일은 규모에 있어서 많은 차이가 생긴다. 일을 시키려 해도 해당 부분의 재능을 가진 인재들이 귀하기 때문이다. CTS기독교TV가 함께해 주면 함께할 목회자와 교회 그리고 학교가 많이 생길

아두이노를 활용한 코딩 수업을 준비하는 전주창대교회 비전학교 아이들

것 같다고 당부하였다.

그리고 비전학교 학생들만 하고 있는 제자훈련을 앞으로 학부모들도 참여시킬 예정이다. 교육의 1차 주체는 부모이기 때문이다. 모두가 예수님의 제자가 되지 않으면 아무 것도 할 수 없다. 전주창대교회에는 현재, 아버지 학교, 어머니 학교 그리고 자녀 학교 등 다양한 훈련이 있다. 이렇게 해야만 신앙이 최소한 3, 4대까지 이어질 수 있다.

"저는 자주 교회를 책임지고 있는 담임목사님들에게 묻습니다. '지금 이 시대와 같은 목회를 해서 300년, 400년이 지나도 교회가 존재할 수 있겠습니까?'라고요. 그러면 이 질문에 대답하는 사람이 거의 없습니다. 그 이유는 자녀가 없기 때문이지요."

그렇다면 왜 아이들이 없을까? 무엇이 문제일까?

전주창대교회를 보며, 제자를 기르고 자녀를 책임질 기독교 대안학교가 필요하다는 사실과 기독교 대안학교에 답이 있다는 확신이 더욱 강하게 들었다.

**CTS 다음세대 지원센터 선언문**

우리나라 교육을 변화시키고 건강하게 발전해 나가도록 하는데
다음 세대를 위한 한 알의 밀알로 쓰임 받기를 간절히 소망합니다.

지금 우리의 교육이 위기에 놓여 있습니다.
그러나 위기는 새로워질 수 있는 좋은 기회가 되기도 합니다.
그래서 지금 이때 우리 하나님의 자녀들이 앞장서야 합니다.

위기에 놓인 공교육을 변화되고 달라지게 하려면
하나님의 교육 원리로 이 땅이 교율을 새롭게 하고 회복시키는
교육 운동이 일어나야 하며 하나님의 말씀과 기도로
양육하는 좋은 기독 대안학교들이 많이 일어나
학교의 바른 모델을 제시해야 합니다.

우리 'CTS 다음 세대 지원센터'는 이 땅에 세워진
기독교 대안 교육의 현장들이 건강하게 성장하도록 지원하며
각종 프로그램들을 개발하고, 교사 재교육, 신규 교사 양성,
학부모 교육 강좌 등을 만들어 지원하려고 합니다.
또한 앞으로 학교들이 잘 세워지도록 컨설팅하고
준비 과정부터 개교할 때까지 전 과정을
지원해 주는 역할을 감당하려 합니다.

## CTS 다음세대 지원센터

- 기독교 대안학교의 법적 지위를 위한 〈대안 교육 법제화 운동〉 및 대정부 활동을 합니다.
- 온·오프라인을 통한 교육 콘텐츠(기독교 대안학교 교직원 연수, 재교육, 예비교사 양성 교육 등)를 제공합니다.
- 교육부 및 교회(총회), 대학 입시 담당자, 외국 대안학교 등 유관 기관과의 협력 및 연합으로 다음 세대 사역의 폭을 넓혀 갑니다.
- 기독교 대안학교 상설 전시장을 통한 정보 및 교육 과정을 공유합니다.
- 기독교 대안학교 설립을 위해 설립 지원과 컨설팅을 제공합니다.

■ CTS 다음세대 지원센터는
노량진 CTS 사옥에 위치하며 13층에는 언제든지 방문하여 볼 수 있도록 기독교 대안학교 상설 전시장을 운영하고 있습니다.
문의 02-6333-1147


## 평양 대부흥 운동과 1교회 1학교 운동
- 평양 대부흥 운동이 일어났을 떄 1 교회 1 학교 세우기 운동을 전개하였음
- 1 교회 1 학교 세우기 정신을 이어가야 함
- 연합하여 학교 세우기: 주 책임 교회, 연합 협력 교회
- 협력 교회: 후원금 보내기, 대안학교로 학생 보내 주기
- 주 책임 학교: 협력 학교 학생 등록금 할인

2장

가서 보라

# 별무리학교
마을이 학교이고 학교가 마을이다

별무리 전원마을

'별무리학교' 이름이 참 아름답다.

"지혜 있는 사람은 하늘의 밝은 빛처럼 빛날 것이요, 많은 사람을 옳은 길로 인도한 사람은 별처럼 영원히 빛날 것이다(단 12:3, 새번역)."

"캄캄한 밤하늘의 반짝이는 별은 많은 사람에게는 소망과 희망의 상징이었습니다. 모두가 가난하고 연약했지만, 30년 전부터 그리스도의 사랑으로 교사의 길을 걷고자 했던 교사 선교회의 선배들은 다니엘서 12장 3절 말씀에 근거하여 자신을 '별'이라 칭하고 이러한 소망을 담아 자신들의 모임을 '별무리'라고 불렀습니다. 하나님께서 그들에게 주신 오랜 기도와 간절한 소망은 자신들이 가르친 제자들이 한 시대 또는 한 세대를 그리스도께 돌아오게 하는 하나님 나라의 제자로 성장하는 것입니다(별무리학교 로고 설명)."

별무리학교는 충청남도 금산군 남일면 별무리길, '별무리 전원마을'에 둥지를 틀고 있다. 별무리학교는 곧 별무리 마을이다. 별무리학교는 그리스도의 사랑으로 무장한 '교사선교회'의 선생님들이 30년간의 눈물과 기도로 탄생했다. 이들은 자신을 "별'이라고 칭했다. 그리고 자신들의 소망을 담은 모임을 만들었는데, 그 이름이 '별무리'였다. '하나님 나라를 위한 책임 있는 그리스도의 제자'를 키워내겠다는 꿈을 가진 자들의 모임이다.

그들이 뿌린 기도의 씨앗은 벌써 한 그루의 나무로 자라났다. 그리고 그 나무 그늘에 깜깜한 이 시대를 비출 아이들이 푸른빛을 키우고 있다. 많은 사람이 별, 즉 스타를 꿈꾼다. 또 많은 부모가 자식을 스타로 만들고 싶어 한다. 그러나 그것은 사람들의 변덕스러운 관심 속에서 잠깐 반짝거리다가 빛을 잃고 떨어지는 별일뿐이다. 별무리학교의 아이들은 다음 세대를 위한 '길잡이 별'이다.

충남 금산에 위치하고 산속, 3만 평 되는 부지에 마을이 생겼다. 이름은 '별무리 마을'. 그 무렵 정부에서는 시골로 이주하는 도시민들을 지원하는 정책을 실행했다. 도로, 전기, 수도 기반 시설과 함께 15억

원을 지원했다. 마을이 생기자 공립학교 교사와 별무리학교 교사들 가정 약 34가구가 이곳으로 이주했다. 이들 선생님 가운데 몇 분은 다니던 학교에 사직서를 내고 별무리학교 교사가 되었다.

별무리학교는 중학교, 고등학교 그리고 기숙사 등 5동으로 이루어져 있다. 8년 전 '교사선교회'라는 선교단체에서 주체가 되어 설립하였다. 이 단체는 초중고 교사가 소속되어 있고 30년의 역사를 지니고 있다. 현직 교사들이 준비하였기에 그만큼 신중하였다. 20년 정도의 준비 기간이 있었고, 8년 전 문을 열었다. 현재 학교 학생은 290명. 전국 기독교 교사들의 후원으로 처음 설립되었다. 그때 모인 후원금을 기반으로 중학교 건물을 지었고, 고등학교와 기숙사는 나중에 지어졌다. 초등학교 6학년부터 고등학교 3학년까지 학생 수는 모두 290명 정도지만 2020년에는 300명으로 늘어날 것 같다고 한다.

## 별무리학교의 설립 과정

✦

별무리학교 박현수 교장 선생님은 공립학교에서 20여 년 근무하신 분이다. 공교육에 몸담고 있던 시절 학급 제자 한 명이라도 그리스도의 제자로 양육했으면 좋겠다는 마음으로 아이들에게 복음을 전하고 양육했지만 공립학교에서 제자들을 양육하는 것에 한계를 느끼고 있었다.

"처음 발령을 받았던 80년대와 90년대는 공립학교에서 복음을 전하는 것이 가능했습니다. 그러나 90년대 말경에는 복음을 전하고 제자 양육하는 것이 점점 힘들어졌습니다. 학생들의 관심도 적어지고 부모님들의 거부 반응도 점점 심해졌습니다."

이 시기는 공교육이 무너지고 있다는 말이 등장한 시기이기도 하다. 아울러 교사의 권위도 추락하기 시작했다. 이 모든 정황으로 미루어 보아 공교육 시스템 속에서 학생들을 신앙으로 양육한다는 것이 곧 한계에 부딪히리라는 것을 예감했다고 말한다.

"학급에서 교육 과정 자체를 통해 하나님을 만나고 그 속에서 아이들이 인격적으로 성장하는 교육을 할 수 있다면 얼마나 좋을까?"

이러한 꿈들을 가진 교사들과 함께 10년 정도 학교 설립을 위한 준비를 한 끝에 별무리학교가 탄생하게 되었다. 공교육 교사들이 세운 학교로 공립학교와 기독교 학교의 다리 역할을 하면서 교육에 희망을 만들고자 하였다.

학교를 세운다는 말이 나왔을 때, 사람들의 반응은 부정적이었다. 다니던 학교나 잘 다니지 학교는 무엇 하러 짓느냐는 것이다. 그것도 충청도 산골에. 앞으로 누가 밥벌이를 보장해 줄 것이며, 누가 그 구석까지 찾아와 학교를 다니겠느냐는 염려였다.

"저희는 기독교 학교가 꼭 세워져야만 하는 이유가 무엇인지 설명해야 했습니다."

"창조 세계를 알고, 청지기적 소명을 실천할 수 있는 사람."

"진리를 알고 사랑하는 사람."

"나를 알고 스스로 성장해 가는 사람으로 키워내어 하나님 나라를 위한 책임 있는 그리스도의 제자를 키우자."

이것은 학교 교육을 통해 각자가 있는 그곳에서 하나님 나라의 책임 있는 그리스도의 제자로 살아갈 수 있는 사람을 키워내야 한다는 절박함이었다. 그리고 그런 절박함을 보며 처음에 학교 설립에 반대하던 사람들도 학교의 교육 목적에 공감하게 되었고 기꺼이 돕기 시작했다.

## 독특한 커리큘럼
### – 학점제, 멘토링 학습지원 시스템, 어드바이저(Advisor) 제도

✛

별무리학교의 교육 과정이야말로 대안학교의 별이다.

별무리학교는 역량 중심 교육 활동을 통해 아이들이 균형 있게 발전할 수 있도록 돕는다. 그 가운데 3대 역량을 꼽자면, 사고력과 의사소통 능력 그리고 자기 관리 능력이다.

각 능력은 서로 밀접하게 연결되어 있다. 예를 들어 초중고 과정에서 독서와 토론과정이 축적되어야 사고력이 형성된다. 또 사고력이 형성되면 의사소통이 가능하다. 의사소통은 단지 언어적 Lingual Literacy인 것만 의미하지 않는다. 미디어 Media Literacy와 IT 문해력 IT Literacy도 주요한 요소로 포함된다. 그러나 이 두 가지 역량이 다 갖추어졌더라도 영적으로, 정신적으로, 육신적으로 무너지면 아무것도 할 수 없다.

역량 교육은 초중고별로 양상이 다르다. 예를 들어 중학교 과정까지는 협동력에 대한 개념만 배웠던 아이들이 고등학교에 와서는 직접 매점 협동조합을 운영한다. 별무리학교의 경우, 처음에는 학생들의 건강을 위해 매점 설치를 반대했었다. 그러나 학생들이 건강한 매점 운영에 대한 안을 자발적으로 기획하고 제안하여 학부모와 공동체의 합의를 이끌어 낼 수 있었다. 모든 운영과 관리는 모두 학생자치회와 협동조합원이 스스로 해내고 있다.

아이들이 고등학교를 졸업할 때, 가장 중요시하는 것은 의사소통 능력이다. 어떠한 방법이든 자신의 의사소통 능력을 증명하지 않으면 졸업장을 주지 않는다. 고등학생들은 교육 과정의 일환으로 소논문을 작성하고 발표한다. 지역 사회와 공동체에 기여할 수 있는 다양한 주제들을 가지고 논문을 작성하는 과정을 통해 의사소통 능력을 키우는 것이다.

자기 관리 능력을 위해 학교에서는 자신의 진로에 따른 시간표를 각자 작성하도록 훈련한다. 전교생의 시간표가 모두 다른 이유다. 자신이 배우고 싶은 과목과 진로에 따라 들어야 할 과목을 자신이 선택하여 작성하는 것부터가 자기 관리 능력의 시작이다.

이외에도 매일 아침마다 기도 및 성경말씀 묵상 및 독서 시간을 갖는다. 학과가 모두 마치는 매일 저녁에는 저널을 꾸준히 쓴다. 자신의 건강관리를 위한 체육 활동도 필수다. 이 모든 역량을 제대로 구비하고 있어야 비판적 사고력이 생겨난다. 콘텐츠와 자료 소스 의 홍수 속에서 무엇이 영적으로 옳은지, 무엇이 성경적인지 분별할 수 있게 된다. 진리와 진리가 아닌 것을 분명히 분별하는 것이 그리스도인의 삶의 출발인 것이다.

별무리학교가 그간 걸어온 길은 나름 즐거운 여정이었다. 그러나 2015년, 고등학교를 설립하면서 어려움에 봉착했다. 이상찬 고등 교감 선생님의 말이다.

"개교 후, 초·중 과정까지는 굉장히 아름답고 즐거웠습니다. 그런데 고등학교를 개교하면서 굉장히 힘든 것을 경험했어요."

선생님의 고백에도 나타나 있듯이 고등학교를 운영한다는 것은 결코 쉬운 일이 아니었다.

"선생님들은 정말 열심히 준비하고 연습해서 나름대로 수업을 개설했는데, 아이들이 자는 거예요. 선생님들은 잠자는 것에 대해 용납할 수가 없거든요. 선생님들은 이것저것 다 포기하고 온 분인데. 내가 지금 산골짜기 여기 와서 저녁에는 고라니 울음소리나 듣고 … 그런데 내 수업 시간에 잠을 자!"

학업에 관심이 없는 학생들은 아무리 좋은 수업을 개설해도 의미가 없었던 것이다. 뿐만 아니라 별무리학교는 수능 중심의 교육이 아니라 역량 중심의 교육을 하고자 했는데 기존의 수업 방식으로는 한계에 부덮혔다.

위기감을 느낀 2015년, 교사들은 고민할 수밖에 없었다.

'어떻게 하면 의욕을 보이지 않는 학생들 가운데 배움이 일어나게 할까? 어떻게 하면 수능 중심의 교육을 뛰어넘어 미래 사회에 필요한 역량을 키우는 교육이 가능할까?'

교사들은 TF팀을 구성하여 밤낮을 가리지 않고 연구해 가기 시작했다. 한 학기의 열띤 토론 끝에 몇 가지 전제를 이끌어 낼 수 있었다.

첫째, 교사만이 가르칠 수 있다는 것을 포기하자. 가르침이 아니라 배움이 일어나는 교실을 만들자.

둘째, 교육에 필요한 자원들은 학교 안에만 있는 것이 아니다. 학교 내외의 모든 자원을 네트워크로 연결하여 교육이 이루어지게 하자.

셋째, 교사가 아닌 학생이 교육 과정의 중심이 되게 하자. 미래에 필요한 역량 중심의 교육을 하자.

지금까지 선생님들은 '같은 장소 same space 에서 같은 과목 same subject , 같은 속도 same speed 로 가르쳐 왔다는 것을 발견했다. 이것을 어느 곳에서나 any space , 어떤 과목이나 any subject . 어떤 속도로든 any speed 배울 수 있는 체계로 바꾸자는 것이다.

"아이들이 원하는 수업을 아이들이 선택해서 듣게 하지 않으면, 격차가 큰데 그 격차를 해소하는 방법을 열어 놓지 않으면 … 또 아이들이 입시와 상관없이 배우는 것에 대해 동의하지 않으면 저희는 가르치지 않겠습니다."

이러한 정신을 반영하여 별무리학교만의 '맞춤형 교육 과정'이 탄생하게 되었다. 하지만 실제로 맞춤형 교육 과정을 도입하는 데는 어려움이 따랐다.

처음 맞춤형 교육 과정 도입에 대해 교사 중에도 찬성하는 의견과 반대하는 의견이 엇갈렸다. 학교에서 교사들이 자신만 가르칠 수 있다는 것을 포기하고 학교 밖의 자원들에 교육의 기회를 개방하는 것은 쉬운 일이 아니었다. 심지어 자신이 개설한 과목을 학생들이 선택하지 않으면 수업을 하지 못할 수도 있는 것이다.

학부모들과 학생들 또한 학교의 새로운 교육 방향이 바르다는 것에는 대체로 동의했지만 처음 해 보는 교육에 불안해했다. 대학 입시에도 어려움이 따를 것이라는 불안감도 컸다. 만약 이러한 교육 과정이 도입되면 학교를 떠나고 싶다는 반응도 많았다. 별무리학교 개교 이래 가장 큰 위기였다.

"교장 선생님, 이것이 우리가 하고 싶었던 교육입니다, 교육의 희망을 만들고자 공립학교에 사직서까지 내면서 만든 학교인데 옳은 방향이면 갑시다. 저희가 감자 캐 먹으면서 살면 되지 않겠습니까?"

어느 선생님의 고백이 모든 교사에게 울림이 되었다. 긴 산고 끝에 학점제에 기반한 별무리학교 '맞춤형 교육 과정'이 탄생할 수 있었다.

별무리학교의 멘토링은 매우 실질적이고 역동적이다. 아이들이 원하는 수업이 있으면 자유롭게 개설된다. 교내에서 해결할 수 없을 때는 외부 전문가를 멘토로 연결하여 수업이 이루어진다. 예컨대 제과제빵을 배우고 싶다면, 금산 지역에서 가장 이름난 베이커리에 가서 직접 배운다, 목공이나 건축도 마찬가지다. 이를 통해 학교와 지역 사회는 한 공동체가 된다. 이제 아이들은 더는 원하지 않는 공부를 하지 않으며 잠을 자지 않는다. 초롱초롱한 눈 속에 꿈이 가득하다. 도시의 콘크리트 건물 벽에 온종일 갇혀 입시 공부와 씨름하는 아이들이 수족관의 물고기 같다면, 이 아이들은 살아 펄떡이는 활어라고 할 수 있다. 자신이 선택해서 하는 공부이기에 학교생활이 즐겁고 행복하다.

"대한민국 고등학교 시절이 이렇게 행복해도 되었나? 공립학교에서 공부한 친구들에게 미안하다."

별무리학교 어느 졸업생의 고백이다. 대학에 가서 공립학교를 졸업했던 친구들과 학창 시절 이야기를 하면서 자신들은 고등학교 때 문제집을 푼 것밖에 다른 기억이 없는 것 같다고 하는데 본인은 별무리학교에서 친구들과 자신의 꿈을 찾아가며 자신이 선택한 공부를 하면서 행복하게 지냈던 것이 생각나 친구들에게 미안한 마음이 들었다고 한다.

# 배움과 나눔

✛

● 별무리학교 아이들은 자신이 터득한 지식과 정보를 사회적 약자와 기꺼이 나누는 훈련을 한다. 한 예로 코딩을 배운 아이들은 스마트 팜을 통해 마을 주민을 돕는다. 스마트 팜의 기초적인 코딩을 배우고 지역에 스마트 팜을 하기 원하는 농부들을 초청하여 기초적인 교육을 학생들이 하고 있다.

* 코딩이란 프로그래밍과 같은 뜻으로 사용된다. 엄밀히 말하면 코딩은 컴퓨터가 알아듣는 언어, 즉 C언어, 자바, 파이선 등의 프로그래밍 언어로 입력하는 것이다. 우리나라에서는 2015년부터 코딩 교육이 의무화되었다.

● IT를 배우는 아이들은 읍내에 나가서 장애인들이 걸어 다닐 수 있는, 블록이 잘 연결되어 있는지 매핑 mapping 한다. 읍내에 나가서 블록이 잘 연결되어 있는지 확인하고, 혹시 연결이 끊어진 곳이 있으면 군에 알린다. 이러한 일 역시 자신의 분야에서 하나님 나라를 회복하는 것이다.

● 베트남, 중국, 필리핀 세 나라 출신의 엄마들에게 아이에게 꼭 해주고 싶은 이야기가 무엇인지 묻는다. 그리고 그 이야기를 듣고 책을 만들어 선물한다. 다문화 가정의 어머니들은 그들이 한국에까지 와서 결혼하게 된 것을 부끄러워한다. 그러나 엄마 나라 언어와 한국어를 모두 할 수 있는 아이로 키우라며 그들을 격려해 주고 자긍심을 갖도록

도와준다. 많은 엄마가 감동하였다. 이 프로젝트는 다문화 센터로부터 예산을 받아 진행되었다. 다문화 센터에서도 좋은 평가를 받아 이듬해에는 예산이 두 배로 늘었다.

● 지역 축제 문화를 바꾼다. 즉 군청에서 어른들이 이미 만들어 놓은 축제에 참여하는 것이 아니라 아이들이 직접 제안한다. 보통 지역 축제들은 노래하고 술 마시고 음식을 파는 등 천편일률적인 경우가 많다. 학생들은 지역 청소년도 축제의 주인이 되어 청소년 문화를 구현할 수 있는 제안서를 군에 제출하여 군 예산 2천 만 원을 지원받아 지역 축제의 새로운 모델을 제시하고 청소년도 즐길 수 있는 축제를 운영한다.

인삼 축제 때는 공립학교들을 초청하기도 한다. 공교육과 대안학교들이 서로에게 엄청난 시너지 효과를 준다. 여러 동아리가 와서 부스를 만들어 준다. 축제 기간 동안에 전국에서 사람들이 온다. 이때를 이용하여 학교 소개를 하기도 한다.

● 군郡과 연계해서 청년몰, 청년 연구소를 만들고 그곳에서 매장 5개를 얻었다. 일반 대안학교인 간디고등학교를 졸업한 아이들의 경우, 굳이 대학을 가지 않고, 이곳에 정착해서 빵집, 커피점, 잡화점 등을 운영한다. 이 아이들 덕분에 재래시장이 활기를 찾고 성장한다.

별무리학교의 경우 월요일 2시부터 5시까지 창업 실습을 받고 있다. 10월 중순부터 개별적으로 가게를 열어 주기로 했는데, 간디학교와 함께하기로 했다. 두 학교의 철학은 다르지만, 서로에게 유익할 것이다.

아이들도 서로에게서 배우는 것이 많을 것이다.

"하나님 나라의 책임 있는 그리스도의 제자." 학교는 자신이 배운 배움이 지식으로만 남지 않도록 학생들을 격려한다. 실제로 지역 사회라는 삶의 현장에서 자신이 구현해 나갈 하나님 나라를 경험하게 한다. 그리고 하나님 나라로 변혁해 가는 일에 자신의 시간과 삶을 드리게 한다. 이것을 가능하게 하는 것이 별무리 '맞춤형 교육 과정'의 힘이다. 학교는 학생들을 믿어 주고 스스로가 주체적으로 성장하도록 격려한다. 지식이 더는 대학 입시만의 도구로 머무는 것이 아니라 삶과 통합하여 하나님 나라를 만들어 간다.

별무리학교 밴드 동아리 학생들과 함께

# 묻고 답하기

✦

● 학비와 선발 기준은?

여름과 겨울에 선발 캠프가 있다. 중학교는 학기 중에 체험 캠프를 통해 학교생활을 경험해 본 후에 입학을 지원할 수 있는 제도가 있다. 선발 기준이 특별히 있다기보다는 기숙사 생활에서 공동체 생활을 잘 할 수 있고 자기 주도적으로 학습할 수 있는 학생들을 선호한다. 학생 선발과 학비에 대한 안내는 학교 홈페이지에 자세히 안내되어 있다.

● 검정고시 준비는?

검정고시는 개설해 주는 과목이 있긴 한데 보통 각자 준비한다. 검정고시에 합격하는 것은 아주 어렵지 않지만, 대학 진학이 목표라면 높은 점수를 받도록 더 많이 노력한다.

● 아이들의 종교는?

98% 이상이 기독교 가정의 아이들이다. 학교 철학에 동의하면 불교나 천주교 가정의 아이들도 뽑히기는 한다. 기독교가 아니라도 학교에서 기독교 교육을 한다는 것에 부모와 학생이 동의하면 가능하다.

● 별무리학교 연구소를 소개한다면?

"교육 연구소 우리 학교의 브레인입니다. 대부분의 학교가 갖고 있지 못한 시스템 중의 하나를 보유하고 있지요."

연구소에는 소장과 전임 연구원들이 있다. (초·중·고) 교무 부장들도 객원 연구원으로 연구에 동참한다. 그래야 실제로 부서별로 선생님에게 맡기고 적용할 수 있기 때문이다. 교감 선생님이 슈퍼바이저(감독) 역할을 한다.

학교가 교육 연구소의 지원을 받으며 운영된다면 큰 힘을 얻게 된다. 우선 교육 연구소는 학교를 매우 객관적인 시각으로 볼 수 있다. 그리고 객관적인 평가를 전달한다. 주요 사안에 대해서는 교장 선생님보다 교육연구소를 통해 교사들에게 전달하는 것이 효과적이다. 교사들은 위로부터의 일방적인 지시에 거부 반응을 보이기 때문이다.


● 기독교 대안학교 설립에 대한 팁이 있다면?

학교를 세우는 목적에 따라 달라진다. 예를 들어 다문화 가정을 위한 학교인지, 탈북자들을 위한 학교를 세울 것인지는 고민하는 것과 관련된 것을 생각해야 한다. 학교 설립하는 과정은 어디나 비슷한데, 교육 과정을 설계하는 것은 (목적에 따라) 굉장히 다르기 때문이다.


● 선교사님을 위한 컨설팅은 어떤 방식으로?

해외에서 교육 선교를 하시는 분들을 돕는다. 학교 설립에서 진행까지 지속적인 컨설팅을 하고 있다. 학생 모집 방법, 생활지도, 학부모 교육, 학교 행정 등에 대해 잘 모르는 분이 많다. 그래서 학교를 세워 놓고도 잘 운영하지 못한다.

미얀마의 경우, 학교 설립 여건이 좋아졌다. 이른바 교육 선교로 쟁점이 되고 있는 곳이다.

"교회는 많이 없어지지만 학교는 계속 남아 있지 않습니까?"

올해도 가서 도와줄 예정이다.

● 4차 산업 혁명 시대에 어떻게 대비하고 있는가?

핀란드의 경우 교과 과정을 프로젝트 형으로 바꾸었다. 이제 교사들이 모든 것을 다 해 줄 수 있는 시대는 지나갈 것이다. 프로젝트 형 교과 과정을 통해 4차 혁명 시대에 데뷔하는 인재, 융합형 인재를 키울 수 있을 것이다. 현재 교사들이 도울 수 있는 부분은 일부분이다. 외부의 멘토들을 활용할 수 있는 시스템이 없으면 학교는 모든 것을 해 줄 수 없다.

분야의 전문가들, 외국 전문가들과도 온라인, 오프라인 네트워크를 형성할 것이다. 큰 예산을 들이지 않고서도 외부의 우수한 재원들을 아이들과 연결할 수 있다. 이러한 연결은 곧 아이들의 진로와도 이어질 것이다. 4차 산업 시대에 살아남기 위해서 꼭 필요한 과정이다. 물론 국가가 나서서 할 수도 있겠지만 국가는 몸집이 커서 움직이질 못한다.

"그러나 저희 같은 기독교 학교는, 대안학교는 몸집이 작잖아요, 그래서 탄력적으로 움직일 수 있는데 교장 선생님들과 선생님들이나 학교 공동체가 처음 도입할 때의 두려움만 극복해 낸다면 얼마든지 가능합니다."

● 벤치마킹한 학교가 있는가?

처음 이 학교를 설립할 때 캐나다 밴쿠버에 있는 기독교 학교들을 참고했다. 가장 인상 깊었던 것은 바로 기독교 학교 연합회가 있고, 기대연 한국 기독교 대안학교 연맹 사무국처럼 연합회를 컨트롤하는 사무국이 있다는 것이다. 그런데 그곳에는 정주하는 인력이 네 명 정도인데, 모든 기독교 교육 과정을 공동으로 만든다.

그리고 학교에서 필요로 할 경우 한 사람씩 보내 주기도 한다. 물론 학생 1인당 회비도 내주기는 하지만, 그것을 가지고 그곳에서 계속 연구해서 관리자, 교사, 행정직들, 이분들의 기독교적인 마인드와 전문성을 계속 훈련한다.

이렇게 함으로써 캐나다에 있는 기독교 학교들의 수준이 유지되고 향상된다. 학부모와 학생과 교사의 만족도 함께 높여준다. 이러한 방식으로 밴쿠버 주에 있는 50여 개의 기독교 학교가 함께 성장한다.


● 기독교 대안학교의 연대가 필요하다고 생각하는가?

물론이다. 한 학교의 힘으로는 할 수 없다. 이미 기대연과 같은 연합체가 있으니, 이를 중심으로 모든 기독교 대안학교가 연합하여 교육 과정을 공동으로 연구하고 체계화시켜야 한다. 그렇게 하면 기독교 학교들이 훨씬 더 빠르게 성장하고, 널리 퍼져나갈 수 있다.

이것이 잘 안 되고 있기 때문에 반대 현상이 나타나고 있다. 즉, 학교는 세웠으나 제대로 운영하지 못 해서 아이들이 나가고 학교도 문을 닫게 된다. 그러면 "기독교 학교들 왜 저러냐?"라는 비난을 세상으로부터 듣는다. 비난이 두려운 것이 아니라 대안학교들이 공멸한다는 것이 심각한 문제다.

● 기독교 대안학교의 확산을 위한 또 다른 대안이 있는가?

수준 높은 교육 과정을 만들 수 있는 구조를 만들어야 한다. 이것역시 우리가 공동으로 해야 할 일이다. 큰 교회 목사님들이 이러한 일에 투자해 주기를 바란다. 기금을 모으고, 구조를 만들고, 함께 노력하면 학교들이 같이 살고 기독교 교육에 대한 수요가 넓어지게 된다.

부모에게 기독교 학교에 보내면 아이들이 미래의 일꾼으로 자랄 것이라는 인식을 심어 줘야 한다. 아직은 기독교 대안학교가 우후죽순처럼 생겼다가 하루아침에 문을 닫는다는 부정적인 인식이 더 강하다. 머잖아 위기가 닥칠 것이다. 이러한 위기를 모면하기 위해서는 기독교 학교들이 빨리 연합체를 만들어야 한다. 그리고 공동성장을 위해 노력하면 공립학교와 정부에게까지 영향을 미칠 수 있는 기독교 학교들을 탄생시킬 수 있을 것이다.

# 샘물중고등학교
### '예수님의 제자'를 키우는 학교

샘물교회 옆 샘물중고등학교

## 샘물 배움 공동체

✚

샘물중고등학교는 경기도 용인시 기흥구 언동로에 자리 잡고 있다. 현재 박은조 목사 이사장, 권문영 총괄 교장과 교직원 100여 명이 530여 명의 아이를 섬기고 있다.

'샘물', 그 이름만으로도 신선하고 생명력이 넘친다. 갈수록 메말라

가는 이 시대에 목마른 사람들의 목을 축여줄 수 있는 사람들이 모여 다음 세대를 위한 샘을 만든 것이다.

모든 기독교 대안학교의 공통점은 '예수님의 제자'를 키워내는 것이다. 이것은 곧 샘물배움 공동체의 설립 목적이기도 하다. 샘물배움 공동체의 목표와 비전은 다음과 같다.

"성경적 세계관에 기초한 기독교 교육을 통하여 성도의 자녀들을 '섬기는 예수 제자'로 양육하여 복음을 전파하고 세상 문화를 변혁하여 하나님을 영화롭게 한다."

또 현대 시대를 건강하게 살아갈 수 있는 지식을 가르치는 곳이다. 하나님을 아는 지식, 이 세상을 다스릴 수 있는 지식을 통합적으로 가르쳐 삶 속에 녹아들게 한다. 그뿐 아니라 이 학교를 통해 아이들은 물론 부모들이 치유를 경험한다. 그리고 하나님의 진정한 샬롬을 누린다.

샘물중고등학교는 현재 성공적인 기독교 대안학교의 반열에 서 있다. 판교샘물교회 성도 수가 200여 명일 때부터 학교에 대한 비전을 품고 있었다. 그리고 비전이 헛된 꿈으로 끝나지 않았다. 성도 수가 200명밖에 안 되는 교회가 학교를 만든 것이다. 동네에 편의점 하나 내는 것도 복잡하고 쉽지 않은데 작은 교회가 학교를 세웠다는 것은 주목할 만하다. 내로라하는 교회들도 학교를 설립한다고 하면 그게 그렇게 쉬운 일이냐며 뒷걸음치는 것이 현실이다. 그러나 과감하게 한 교회가 학교를 세우든지, 역량이 도저히 안 되면 협력해서 세우면 된다. 어떠한 경우이든 한 교회가 학교를 세운다는 것이 절대 간단하지만은 않기 때문이다.

"학교와 교회가 협력해서 교육 공간을 만들고 같이 사용합니다."
교장 선생님의 말씀이다.

건축 및 관리비를 학교와 교회가 절반씩 부담한다. 학교와 교회가 서로 협력하여 교육 공간을 마련하고, 함께 사용하다 보니 둘 사이에 작은 물길이 형성되었다. 그래서 학교 학부모들이 그 물길을 따라 교회로 흘러들어온다. 강요받지 않은 자연스러운 흐름이다.

임대료와 관리비를 교회와 학교가 절반씩 내왔지만, 덩치가 점점 커지다 보니 임대료에 대한 부담이 커졌다. 해결 방안으로 대지를 매입해서 건물을 짓자는 의견이 나왔다. 현재 은혜샘물교회의 출석 인원은 약 1,200명이다. 그리고 건물은 주중에는 학교가, 주말에는 교회가 사용한다.

2009년 분당샘물교회에서 시작했던 이 학교는 2010년 가을, 판교로 옮기게 되었다. 이때 200명의 성도도 함께 판교샘물교회로 파송했다. 그런데 아이들이 실내에만 머물다 보니 마음 놓고 뛰어놀 공간이 필요했다. 물론 아이들의 특성상 어디에서든 신나게 뛰어놀긴 한다. 그러나 탁 트인 운동장이 없으니 다치는 경우가 많았다. 그래서 운동장이 딸린 학교 건물을 짓게 해 달라는 기도가 시작되었다. 그 기도는 응답되었고, 2014년 가을, 학교를 짓게 되었다. 지하층 교실에서 시작했던 학교가 많은 동역자의 헌신과 도움을 통해 이처럼 성장한 것이다.

드디어 2015년 2월, 1기 학생들이 졸업했다. 2016년도에는 은혜샘물 유치원 초등학교가 개교를 했다. 이제 5세부터 고3까지 총 15년의 교육 과정을 갖춘 기독교 학교로 우뚝 섰고, 학생 수는 약 500명이 되었다. 1기에서 5기까지 현재 약 213명의 아이가 졸업했다. 1기 졸업생들은 대학을 졸업하고 사회인이 되는 지점에 서 있다.

졸업생들이 사회에 나가서도 그리스도의 제자로 성장하도록 계속 지원하고 교육한다. 한편으로는 같은 목표를 위해 동역하고 있다는 표현이 더 어울릴 것이다. 이들을 향한 하나님의 통치와 주권은 학교 안에만 머물지 않기 때문이다.

비전을 품고 믿음으로 실천하니 필요한 것은 저절로 채워졌다. 세상의 셈법이 아닌 하나님의 셈법을 따랐기 때문이다. 4천여 만 원으로 시작된 학교가 이제 향후 10년을 내다보며 50억 원을 모금하고 있다. 몇 가지 구체적인 목표를 들자면 4차 산업혁명에 대비하고, 남북평화 시대를 준비하며, 이에 적합한 교육 과정을 마련하기 위해서다. 즉 목표 금액이 채워지면 교육 과정 혁신과 연구 역량 확대 등에 재투자할 것이다.

"저의 진정한 열매는 바로 우리 아이들입니다."

이 학교를 위해 헌신한 분의 고백이다.

선생님들이 기대한 것보다 훨씬 뛰어난 아이들이 왔다. 성적으로 뛰어난 것이 아니라 정말 하나님만 바라보고, 하나님의 일하심을 기대하는 아이들이다. 이곳에서 길러낸 예수 제자들은 '일당백만'을 섬길 수 있는 역량을 지니게 될 것이다. 이런 아이들을 통해 다음 세대가 세워지고, 한국 교회의 장래가 밝아질 것이다.

## 아이들과 부모가 함께 자라는 학교

✚

샘물학교는 "가정, 교회, 학교가 함께 성도의 자녀를 그리스도의 제자로 양육한다."라는 목표로 설립된 학교이다. 가정이 주체가 되어야 한다는 교육철학이다. 아이들만 배우고 자라는 것이 아니다. 아이들의 부모도 함께 배우고 자라난다. 그리고 그 가운데 다음 세대 가정이 세워진다.

일반 대안학교나 기독 대안학교나 학부모의 의식이 매우 중요하다. 자녀를 대안학교에 보내기로 결심하기까지 많이 고민하기 때문이다. 학교를 지원하기 전 여러 차례에 걸쳐 학부모를 대상으로 하는 학교 소개 혹은 유익한 강좌를 개설하는 학교가 많다. 그러나 이보다 훨씬 중요한 것은 입학 후의 학부모 교육이다. 이 샘물학교의 학부모 교육은 매우 활발하다. 아이들을 함께 양육한다는 것은 큰 씨름이다. 방학 중에도 학부모님과 상담하고 훈육한다. 샘물학교는 가정과 교회와 학교가 함께 아이들을 섬겨 예수님의 제자로 커가는 꿈을 꾸는 학교이다. 동시에 아이들과 부모가 함께 자라는 학교이다. 또한 소위 미션 스쿨로 불리는 일반 기독교 학교와 기독교 대안학교는 다르다. 부모님의 신앙을 가진 가정의 자녀여야 한다는 것이 샘물학교의 입학 조건 가운데 하나다.

"저희가 섬기는 자녀는 성도의 자녀들입니다."라고 학교는 말한다.

섬기는 방식에서도 가정과 교회가 함께 해야 한다는 철학이 있다. 그래서 기숙사 학교를 지양하고, 가정에서 통학하는 것을 전제로 한다. 학교 측에서도 부모님들도 아이들과 함께 입학해서 자라야 한다는 점을 늘 강조한다. 이러한 정신은 샘물의 사명선언문에 잘 담겨 있다.

성경적 세계관을 바탕으로 하는 교육을 한다. 영성, 인성, 실력을 통합한 기독교 교육을 통하여 성도의 자녀들이 그리스도의 섬기는 예수 제자로서의 자긍심과 정체성을 확립하여, 은사를 받은 대로 선한 청지기로 서로 봉사하며 세상 문화를 변혁하여 하나님 나라를 확장해 가는 신실한 일꾼이 되도록 한다.

학기가 시작될 때마다 학부모, 학생, 교사가 함께 연합예배를 드리기도 한다.

영상을 통해 보았던 2기 졸업생 가운데 한 학생의 고백을 요약해서 인용한다. 샘물학교의 교육의 힘과 이 학교에서 성장한 아이들의 미래가 어떠할지 잘 드러내는 일종의 간증이다.

샘물에서 저는 참 많이 성장한 것 같습니다.
특히, 매일 아침 복상(복종이 있는 묵상)과 자기 경영서의 도움으로 매일, 조금씩, 천천히, 성실하게 성장해 나갈 수 있었습니다.
꿈과 비전을 찾는 것이 무거운 숙제처럼 여겨졌습니다. 이 숙제를 하는데 샘물의 진로 탐색 프로그램이 큰 도움이 되었습니다.

어린아이를 좋아하고, 모든 과목을 좋아하는 저에게 초등학교 선생님이 적당하다는 것을 알게 되었습니다. 그리고 샘물 선생님들처럼 하나님의 말씀으로 학생들을 올바른 길로 인도하는 훌륭한 교사가 되고 싶다는 마음이 생겼습니다.

하나님께서 주신 꿈을 이루고 싶다는 마음은 간절했지만, 현실의 벽은 높았습니다. 오랜 고민 끝에 재수하기로 결심했습니다. 생각보다 재수는 참 힘들었습니다. 샘물학교를 벗어난 학원에는 기도해 주고 격려해 주시는 선생님들도 안 계셨고 함께 의지하며 돕는 친구들도 없었습니다. 그래서 하나님한 분만 의지할 수밖에 없었습니다.

재수할 때는 정말 말씀 없이는 살 수 없어서 학교에서 배운 대로 잠자기 전에 복상하고 학원에 가서도 첫 시간에 복상했습니다. 하나님의 일하심을 기대하며 면접 비중이 큰 서울교대에 지원했고, 최선을 다해 면접을 준비했습니다. 결과는 합격이었고, 성적 장학금까지 받았습니다. 하나님은 끝까지 "내가 하는 거야, 네가 하는 거 아니야!"라고 말씀하시며, 평생 하나님만 의지하며 살아가기를 원한다는 것을 직접 깨닫게 하셨습니다.

이 학생은 현재 2019년 서울교육대학교 3학년이며, 이번 학기 11과목을 다 A$^+$로 이수했다. 하나님이 주신 비전을 좇아 대학에 입학했기 때문에, 열심히 공부하지 않을 수 없다. 그리고 본인 스스로가 즐거워한다. 그래서 샘물학교 졸업생들 다수가 대학에 가서도 장학금을 받는다. 매년 졸업생 수가 40–50명 정도다. 2019년 2월에는 53명이 졸업했고, 그 가운데 소위 명문대에 합격한 아이도 있다. 재수해서 의대에 간 학생도 있었다.

## 다음 세대의 '샘물'이 되어라

✛

"기독인 교사가 가르치는 '대안 代案' 학교가 아니라 기독 원안 原案 학교를 지향합니다."

샘물학교의 기독 원안 학교란 "수업이 지식적 앎을 넘어 삶의 과정이 되며", "모든 교과를 통해 하나님을 알고", "창조 세계의 원리를 배워감으로 '섬기는 예수 제자'를 기르는 것"을 의미한다.

사실 대안학교가 생겨난 이유가 공교육의 한계를 극복하자는 것이 아닌가. 거기에 '기독교'라는 단어가 보태지면 의미는 더욱 달라진다. 단순히 기독인 교사가 아이들을 가르치는 것으로는 설립 목적을 이룰 수 없다는 뜻이다. 단지 공교육의 한계를 해결하고자 학교를 세운다는 것은 의미가 없다. 왜냐하면 아이들에겐 가장 완벽한 모델(모범), 예수님이 필요하기 때문이다. 교사는 수업을 통해 지식만 전수하는 것이 아니라, 성경만 가르치는 것이 아니라, 그분의 섬김의 삶을 체득하게 도와야 한다.


"복상."

샘물학교 아이들이라면 복상이 무슨 뜻인지 잘 알고 있다. "복종이 있는 묵상"의 줄임말이다. 아이들은 학교에 발을 디디면서 복상을 훈련한다. 이 경건의 훈련을 통해 아이들은 하나님과 일대일 관계에 익숙해지고, 그리스도인으로서의 자생력을 키울 수 있다.


여기에 성경적 세계관 수업이 더해지고, 비전 트립과 봉사활동을 통해 실천하는 그리스도인의 모양새를 갖추기 시작한다. 이것이 바로 영성 교육이다. 이 외의 여러 교육 과정이 있다. 몇 가지만 꼽는다면,

- 국어, 언어에 대한 이해와 능력을 키운다.
- '영어'라는 언어를 통해 하나님, 나, 이웃 그리고 세상을 이해하고 소통한다.
- 수학을 통해 문제 해결 능력과 정확성을 키운다.
- '샬롬'을 궁극적 목적으로 삼은 사회 교육이 있다.
- 하나님이 만드신 이 세계에 숨겨져 있는 과학적 원리와 법칙과 질서를 찾고 배운다.
- 미술 교육을 통해 하나님의 창조성을 깨닫고 배운다.
- 일주일간 함께 지내면서 세상적인 요소들을 정리하는 시간을 갖는 마음 밭 교육이 있다.
- 연극 활동, 텃밭 가꾸기, 습관 버리기 활동도 빼놓을 수 없다.

앞서 소개한 졸업생의 고백처럼 아이들이 진로를 찾도록 돕는 것은 매우 중요하다. 이를 위해 진로 콘퍼런스와 수업을 이용하여 자기 꿈을 찾도록 돕는다. 이를테면 졸업생들이 방문해서 이야기해 주기도 하고, 학부모나 멘토의 직장을 방문하기도 한다.

일반적으로 대안학교의 강점으로 꼽히는 것이 자기 주도 학습이다.

"자기 주도, 자기 경영이라는 것은 아이들이 자기의 일과를 계획하고 실행하는 것입니다. 그것을 통해 무엇이 부족한지 돌아보게 되지요. 그래서 '자기 경영서'라는 것을 매일 쓰게 합니다."

샘물중고등학교 교실에는 언제나 배움의 열정으로 가득하다.

기독교 대안학교를 포함하여 많은 대안학교가 사교육을 금한다. 사교육을 시키지 않겠다는 각서를 쓰는 학교도 있다. 학원이나 과외의 도움 없이 어떻게 하면 부진한 학습 능력을 끌어올릴 수 있을까? 이를 위해 아이들은 방과 후 학교에 남는다. 선생님들이 이들을 코치한다. 방학 때에는 2주간 특강도 한다. 수준별 수업도 같은 맥락에서 이루어진다. 따라서 교과별로 여러 선생님이 필요하다. 샘물학교의 경우 수학 선생님 7명, 영어 선생님은 6명이다.

그 가운데 유독 눈길을 끄는 것은 장애 학생을 위한 교육이다. 더 정확히 말하자면 장애 학생이 비장애 학생들과 더불어 교육을 받을 수 있는 장을 마련하는 것이다. 굳이 이름을 붙이자면 '통합 교육'이다.

외부 환경은 예측이 불가능하게 변하고 있다. 아이들에겐 지식 교육 그 이상이 필요하다. 미래의 교육을 연구하고 준비하는 것이 필수다. 아이들은 학교 문을 나선 후 언젠가는 고공에 떠 있던 비행기에서 낙하해야 하는 순간을 만나게 된다. 이를 위해 낙하산을 준비하고 착용법을 알려주어야 한다.

"저희는 졸업으로 끝내는 것이 아니고 결혼할 때까지는 도와주어야 한다고 생각합니다. 그리스도의 제자로 키우는 것이 우리의 목표이기 때문입니다."

## 샘물학교가 새로운 십 년에 지향하는 교육과 비전

● 차오르는 교육

변화하는 시대의 핵심 역량 확보를 위한 교육 과정 혁신

도서관 및 운영 인프라 구축

실내 체육관 및 실외 체육관 환경 조성

아름답고 안전한 교육 환경 조성

● 넘쳐흐르는 교육

교직원의 성장 및 역량 증대를 위한 연수

유, 초등, 중·고등 교육 과정 혁신을 위한 연구 역량 확대

● 세상을 적시는 샘물

기독교 학교 확산을 위한 학교 분립

해외 이동 수업 및 통일 교육 선교 캠퍼스 추진

샘물의 열매를 지속 공유, 확산, 지원하는 비전센터 설립

"졸업생을 보면 감사하지요."

하나님을 아는 것을 우선으로 가르쳤는데 인성뿐만 아니라 실력도 갖추고 있다. 학생들의 교과 능력 향상을 돕기 위해 선생님들을 미국에 있는 자매 학교나 유럽의 학교 현장을 살펴보았다. 아이들이 하나님이 주신 은사를 발견하도록 돕는 방법을 배우기 위해서다. 그 결과 탄생한 것이 수준별 수업, 자기 주도 학습, 자기 경영, 팀티칭 등이다.

## 네트워크와 분립

✛

"이렇게 서로 벤치마킹하고 돕고 협력하면 전국 모든 기독교 학교들이 하나님이 기뻐하시는 학교로 변화되어야 하지 않을까 생각합니다."

샘물중고등학교는 협력 시스템이 잘 되어 있다. 특히 협력 교회가 60개나 있다는 것이 놀랍다. 처음에는 20개 교회가 협력하다가 서서히 늘어난 것이다. 협력 교회는 매우 다양하다. 지구촌교회, 사랑의교회, 우리들교회, 선한목자교회와 같은 대형 교회가 있는가 하면, 교인 수가 50명 남짓한 작은 교회도 있다. 협력 교회는 학교에 대한 홍보와 재정 지원 그리고 학생 모집과 교사 모집을 도와준다. 사실 대안학교의 교사 모집은 쉽지 않다. 그러나 60개나 되는 교회에서 도와주니 한결 수월하다.

학교에서는 협력 교회 성도의 자녀들의 수업료를 감면해 준다. 한 달에 10만 원 정도인데 1년이면 120만 원이나 된다. 이러한 혜택을 누리기 위해 이미 학생을 입학시킨 다음에 출석하는 교회 담임목사님께 협력 교회가 되어달라고 요청하는 학부모도 있다.

현재 중·고등학교 교사는 100여 명이며, 학생은 (2019학년도 기준으로) 500여 명이다. 교사 수가 많다 보니, 처우 개선이 쉽지 않다. 모두가 헌신된 훌륭한 선생님들이다. 비인가 대안학교의 경우, 교사를 모집하는 것도 급여를 지불하는 것도 모두 어렵다. 일반 공립학교와는 달리 국가 지원을 전혀 받지 않기 때문이다. 그러나 개교한 지 11년 동안 여러 교회가 협력하여 지원해 주고 있다. 학생 수가 늘어나는 것도 재정적으로 보탬이 된다. 학생들로부터 학비를 적게 받고, 교사들의 급여는 줄이자는 지극히 현실적인 방안을 제시하는 사람도 있다. 그러나 이러한 방법은 바람직하지 않다. 여전히 어려워서 매년 하늘에서 비가 내려야 살아가는 천수답 학교이지만, 매년 은혜의 단비를 내려주셔서, 공립학교 교사 처우에 준하는 대우를 해 드릴 수 있었다.

샘물학교는 2008년부터 미국 세인트루이스에 있는 한 기독교 학교와 자매결연하고 있다. 매년 3-11명 정도의 선생님이 미국을 방문하여 벤치마킹한다. 불필요한 시행착오를 줄이기 위함이다. 실제로 자매 학교를 통해 세세한 것들을 알게 되어 시행착오를 많이 줄일 수 있었다.

미국의 기독교 학교도 정부의 지원을 받지 못하는 것은 우리와 유사하다. 다만 다른 방식으로 재원을 마련한다. 물론 우리와는 패러다임 자체가 다르다. 기업의 CEO 역할을 하는 총괄 교장이 있고, 일반 공립학교 교장에 해당하는 프린서플principal 이 대여섯 명 있다. 우리와는 패러다임과 관리체계 Governance 자체가 다르다. 우리도 패러다임의 변화가 필요하다. 그래서 샘물학교에서는 이런 시스템을 도입하고 있다.

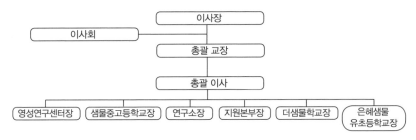

**샘물학교 조직도**

건강한 교회는 분립개척이 활발하다. 대안학교 역시 마찬가지다. 주일학교가 점차 없어지고 있고, 믿음의 계승은 점차 약해지고 있다. 이런 문제를 해결하기 위해 총괄 교장 선생님은 두 가지를 생각했다. 첫째, '넓이와 깊이를 확산하자.'라는 생각을 하게 되었다. 넓이는 학생 수를 말한다. 그러나 한 학교가 학생 수만 늘려간다면 곧 한계에 봉착하게 된다. 이에 대해 하나님이 비전을 주셨는데 그것은 바로 다른 지역에서 분립 학교, 즉 '더샘물학교'를 설립하는 것이다,

'더샘물학교'가 한 예이다. 샘물학교에서 분립하여 2019년 3월에 동탄에서 개교했다. 지금은 초등학교 1, 2, 3학년, 중학교 7학년으로 이루어져 있다. 내년 입학 선발 시즌 가운데 있다. 본래 3학년 아이들이 4학년으로 올라가 4학년만 개설할 예정이었는데, 많은 학부모님의 부탁으로 5학년도 개설할 예정이다. '더샘물학교'는 핵심 가치와 교육 목표에

있어 샘물중고등학교와 맥을 같이 하고 있다. 즉 교회와 학교와 가정이 동역하여 성도의 자녀들을 섬기는 예수 제자로 교육하는 것이다.

특기할 만한 사항은 학습 부진 학생들을 한 반에 2명, 정원의 10% 이내로 받아서 학습을 특별히 지원하여 기독교 학교 운동의 넓이뿐 아니라 깊이를 확산한다는 것이다. 동백의 샘물중고등학교는 통합 지원실을 두어 정원 5% 이내의 발달 장애 학생들을 통합 교육하며, 커피를 만드는 바리스타 교육 등을 하고 있다. 미국 자매 학교는 학생이 1,000명인 학업이 탁월한 학교인데, 그 가운데 150명 정도가 학습 부진, 학습 장애, 장애 학생들로, 학교 내에 배움센터 Learning Center 를 두어 특별 지원을 하고 있다. 미국 자매 학교를 몇 차례 방문하며 벤치마킹하여 더샘물학교에서는 학습지원을 준비하게 되었다.

양극화는 전 세계적인 현상이다. 특히 오늘날의 교회 대다수가 교회 문을 닫지 않고 생존하는 데에 온 힘을 쏟고 있다. 교회 본연의 역할

권문영 총괄 교장 선생님과 함께

은 물론 다음 세대에 대한 인식조차 없다.

"못된 소나무에 솔방울만 많다."라는 속담이 있다. 다음 세대를 생각지 않고 현세대만 살고자 아등바등하는 욕심을 꼬집는 말이리라. 다음 세대를 위해 이 세대가 마땅히 품어야 할 생각을 다윗과 소나무 이야기를 들어 설명하는 더샘물 중등 교장 선생님의 말씀이다.

"다윗은 모든 자원을 다 모아 총력으로 솔로몬 때에 성전 짓는 모든 것을 준비했습니다. 저는 충청도 시골에서 자랐지요. 소나무가 병들면 나무에 남아 있는 진액을 모아 솔방울을 다 떨어뜨리고 빨리 죽습니다. 저는 그 모습을 보고 큰 충격을 받았습니다."

이 세대가 모두 못된 소나무가 된다면 다음 세대들은 갈 곳이 없게 된다. 지금은 교회 나간다는 말을 아예 꺼내지 않는 것이 나은 시대가 되었다. 소금이 그 맛을 잃었으니 짓밟히는 것이 당연하지 않은가. 이러한 불신의 시대에 사는 아이들에게 과연 진정한 친구가 얼마나 될까.

이야기를 마치면서 CTS기독교TV가 한 역할을 했으면 좋겠다는 말을 들었다.

"우리도 다른 지역, 다른 학교와 협력해서 돕고 기독교 학교를 확산하고자 합니다. CTS기독교TV에서 앞서서 가시는데 저희도 열심히 심부름하겠습니다."

그래서 미디어를 통한 계몽과 홍보에 힘쓰겠다고 약속했다. 구체적인 방법도 소개했다. 교회에 대한 신뢰는 무너졌지만 숨어 있는 교회들이 다음 세대를 위해 애쓰고 있는 영상이 널리 소개된다면 큰 변화가 일어날 것이다. 시행착오를 겪으면서 터득한 비결과 정보를 공유하면서 교회와 학교 그리고 도움을 줄 교회 밖의 잠재 조력자 helper: 정부, 기업, 독지가 등 와의 네트워크도 구축해야 한다.

# 예수향남교회
## 교회는 학교, 학교가 교회

예수향남교회 전경

경기도 화성시 향남읍에 자리하고 있으며, 예수향남교회가 세운 학교이다. 2012년에 개교하여, 2014년에 현재 교회 신축 건물로 이전했다.

### '미래의 씨앗' – 예수님의 사람을 키우는 학교

✦

'예수향남기독학교'는 교회 개척 초기부터 학교 운영을 비전으로 삼았다. 경기도 화성시 향남읍 하길리에 위치한 예수향남교회에는 매주 약 2천 명이 예배에 출석한다. 그 가운데 아이들은 500명 정도이다. 연령층으로 보자면 30-40대가 가장 많다. 공장 지역이라는 특성도 있지만, 교회 홈페이지에 탑재된 목사님의 설교도 큰 역할을 한다. 목사님의 설교 자체가 탁월하기도 하지만 교육에 대한 비전과 실천이 사람들을 끌어들인다.

우리 일행이 이곳을 찾았을 때, 담임목사이신 정갑신 목사님은 미국 집회 차 출타 중이셨다. 아쉬움이 있었지만 대신 학생들에겐 듬직한 아빠와 같은 하병용 교장 선생님의 안내를 받았다. 대담 자리에는 정해숙 유치원 원장님도 동석했다.

왜 예수님은 "와서 보라 Come and See!"라고 하셨는지 공감이 갔다. 세미나에 참석하거나 책을 읽는 것에서는 느낄 수 없는 생명력을 현장에서는 느낄 수 있다. 무엇보다 푸름이 가득한 아이들의 눈과 열정에 가득한 선생님들의 눈을 직접 볼 수 있는 것이 좋다,

학교가 문을 연 것은 2012년이다. 교회 개척 초기부터 학교를 운영하겠다는 비전을 품고 시작했다. 정 목사님이 이러한 철학과 비전을 갖게 된 것은 그분 자신이 격동의 청소년기를 보냈기 때문이다. 그러나 주일학교 선생님을 통해 변화되어 목회자의 길까지 걷게 되었다. 따라서 아직은 미성숙한 아이들의 연약함과 부족함을 잘 이해하신다. 담임목사님은 아이들을 아주 사랑하신다. 목사라는 직분에 따르는 의무감 때문이 결코 아니다. 아이들을 정말 좋아하고 함께 장난을 치신다. 이

러한 모습을 보는 교인들이 목사님의 목회 철학과 교육 철학을 따르는 것은 당연하다.

예수향남학교는 아이들에게 꿈을 꾸라고만 말하지 않는다. 함께 꿀 수 없는 꿈, 함께 누릴 수 없는 꿈은 꿈이 아니기 때문이다. 그래서 예수향남교회는 함께 꿈꿀 수 있는 학교를 만들었다. "예수 중심, 성경 중심의 가치관에 확고하게 기초하되 공교육의 장점들을 최대한 살리는 학교"이다. 이를 위해서 학교와 가정과 교회가 협력해야 한다. 그래야만 아이들이 서고, 가정이 서고, 교회가 선다.

상가 건물에서 시작한 교회다. 처음에는 향남읍 상가 건물 7층에서 4개 층을 빌려 학교와 교회를 시작했다. 그리 넓지 않은 식당에서 유치원을 시작했지만, 아이들이 모여들었다. 기독교 대안학교로서의 비전이 선포되었을 때, 과연 해낼 수 있을까 하는 우려가 있었던 것은 사실이다. 그러나 다음 세대에 대한 철학이 의식 속에 스며들자 헌신하는 교인들이 생겨났다.

그러나 장소가 좁다 보니 여러 부족한 점이 드러났다. 그러자 교인들이 먼저 아이들을 위해서 공간 신축을 해야겠다고 나섰다. 복지관을 빌릴 생각도 있었다. 그런데 교회보다는 학교에 더 가까워 보이도록 교회 건물을 신축하게 되었다. 담임목사님이 교회를 개척한 지 3년 만의 일이다.

학교 부지를 마련하게 된 과정을 들었다. 원래 이 부지는 OO교회 소유였다. 교회에서는 교육관을 지어야 했기에 이 땅을 팔아야 하는 상황이었다. 지인을 통해 교회와 거래가 이루어졌다. 그러나 이 땅은 "아이들을 살리는 땅"이 되어야 한다, 과연 무엇이 옳은 결정이고, 하나님의 뜻에 가까운지 생각해 보자는 담임목사님의 설득이 아름다운 결정으로 이끌었다. 약 3천4백 평의 부지를 구매할 수 있게 되었다. 이 정도의 땅을 살 수 있는 돈을 가지고 있지 않았다. 그런데 땅을 파는 쪽에서 이 땅을 담보로 대출해 주어서 가능했다.

## 다윗의 조약돌

✛

예수향남기독학교는 "말씀 위에 균형 잡힌 예수님의 사람이라는 교육 철학과 그 그리스도를 생각하여 그의 생각으로 사는 사람은 결코 실패하지 않는 인생을 산다."라는 이사장님의 말씀으로 설립된 학교이다. 다섯 개의 교육 목표로 이어지는 일관성이 있는 교육을 실현해 나가고 있다. 이 다섯 가지 교육 목표는 다윗의 조약돌이라 이름하고 있다.

● "말씀으로 사는" 돌 하나

"사람이 떡으로만 사는 것이 아니요 여호와의 입에서 나오는 모든 말씀으로 사는 줄을 네가 알게 하려 하심이니라(신 8:3)."

여느 기독교 대안학교와 마찬가지로 이 학교 아이들도 말씀 묵상으로 하루를 연다. 영성 교육을 위해 예닮 프로그램과 어와나 말씀암송 훈련을 운영하며, 말씀 암송 인증제를 실행하고 있다. 교직원 기도회와 더불어 학부모 기도회가 있어서 기도로 아이들을 돕는다. 또한 초등학교와 중학교가 함께 연합 예배를 드리며 주 안에서 하나 됨을 느끼며 성장해 간다.

● "조화로운 실력" 돌 둘

"예수는 지혜와 키가 자라가며 하나님과 사람에게 더욱 사랑스러워 가시더라(눅 2:52)."

기독교 세계관을 토대로 기본 교과 교육을 진행하고 학교 내 작은 도서관을 적극적으로 활용하여 독서를 장려하며 독서 인증제가 이루어진다. 합창, 악기 지도와 함께 생활 체육과 미술 교육을 병행한다. 특히 동아리 활동이 아주 활발하다. 그 외에도 스피치 대회, 백일장, 사생대회, 팀 빌딩 등 다양한 활동이 있으며 해외 교환 수업을 통해 다양한 문화를 경험하고 시야를 넓힌다.

● "섬기는 리더십" 돌 셋

"맡은 자들에게 주장하는 자세를 하지 말고 양 무리의 본이 되라(벧전 5:3)."

예수님을 닮는다는 것은 곧 섬기는 삶을 사는 것이다. 학년의 울타리는 낮아지고 신뢰는 두터워지는 목장 모임의 리더 활동, 전교생이 함께하는 예향 캠프, 토론 수업, 체험 학습, 비전 트립, 섬김이 활동과 학부모 섬김이 등을 통해 섬김을 체화한다.

● "정직한 소통" 돌 넷

"각각 자기 일을 돌볼뿐더러 또한 각각 다른 사람들의 일을 돌보아 나의 기쁨을 충만하게 하라(빌 2:4)."

말씀 위에 균형 잡힌 건강한 공동체를 만들기 위해 학생 간의 목장 소통 예배, 학생 상담 주간 운영, 가정 연계 프로그램, 부모 교육 프로그램, 예향 축제, 예향 아카데미 등이 있다.


● "건강한 몸과 마음" 돌 다섯

"사랑하는 자여 네 영혼이 잘됨 같이 네가 범사에 잘되고 강건하기를 내가 간구하노라(요삼 1:2)."

체력은 국력! 매학기 도보 여행을 통해 하나님께서 지으신 아름다운 세상을 체험하고 오랜 시간 걷기를 통해 힘듦을 친구들과 함께 이겨내고 서로 돕고 협력을 배우며, 성 교육, 안전 교육, 교통질서 훈련과 한마음 운동회를 통해 몸과 마음이 건강해지고 공동체를 경험한다. 보건실 운영과 위생 급식실 운영을 통해 건강한 몸의 필요를 채운다.


"이처럼 다섯 개의 교육 목표 아래 우리 학생들이 신앙과 인격과 실력을 고르게 성장할 수 있도록 교육하려고 노력하고 있습니다. 또한 교육 철학인 '말씀 위에 균형 잡힌 예수님의 사람'으로서 예수 그리스도를 '앎'이 그리스도인의 구체적인 '삶'으로 이어지도록 교사들이 함께 열심히 돕고 있습니다."

하병용 교장 선생님의 말씀이다.


## 주일이면 학교가 교회로 바뀐다 – "아이들이 학교입니다"
✛

이곳만큼 교회 건물을 아주 효율적으로 사용하는 곳도 찾아보기 힘들다. 교회라는 공간이 이렇게 변모할 수 있다니. 주중에는 학교지만 금요일이면 나란히 책걸상이 사라지고 예배 자리로 변모한다. 교육관의 경우, 공간 변화에서 주요 역할을 하는 것은 3개의 벽이다. 이 벽으로 3개의 교실이 만들어진다. 또 모자실은 기숙 공간으로 변한다. 마치 연극 무대가 바뀌는 것과 같다. 전천후로 바뀌는 변신 로봇이라고나 할까.

어제만 해도 줄지어 늘어선 의자에 앉아 찬송을 부르고 예배를 드리고, 기도하던 곳인데, 오늘 보니 의자는 간곳없고 아이들이 모여 배드민턴을 치고, 태권도를 하는 모습을 떠올려보라.

그러나 이러한 변화의 이면에는 불편함을 기꺼이 감수하는 분들의 인내와 배려가 있다. 약간의 불편함을 호소하는 성도도 있었지만, 시간이 지나면서 모두가 성숙 단계에 이르러 초기의 불편함은 이제 응원과 격려로 바뀌었다.

하병용 교장 선생님, 정해숙 유치원 원장님과 함께

수년 내에, 중·고등학교는 이곳에서 약 10분 거리에 있는 하나님이 주신 땅에 신축하여 이전할 예정이다.

"하나님이 3천여 평의 땅을 주셨어요."

청소년 선교에 관심을 두고 있던 모 교회 권사님이 정 목사님의 초청 설교를 듣고 마음에 감동을 받아 부지를 기증했다. 학교가 이전하게 되면 예수향남교회의 학교를 넘어 지역을 아우르는 학교가 되리라 기대한다.


교장 선생님의 말씀이다.

"저희 '예수향남기독학교'는 '하나님의 학교'입니다. 이 학교에 보내주신 믿음이 견고한 가정들, 또 우리 학교에 꼭 필요한 가정들, 때로는 연약함으로 온 아이들, 경제적으로 기독학교를 너무 가고 싶지만 갈 수 없는 상황 속에 있는 아이들 등 다양한 상황의 가정들이 있습니다. 저희가 다른 지역으로 가게 된다면, 이 지역을 아우르고 더 많은 믿음의 가정이 함께할 수 있는, 더 크게 품고 섬길 수 있는 하나님의 학교가 되길 소망합니다. 이것은 우리 목사님의 생각이기도 합니다."


예수향남교회는 인적 자원과 물적 자원이 풍성한 대형 교회가 결코 아니다. 하지만 기독학교를 세워갈 수 있도록 하나님께서는 많은 분을 통해 일해 가고 계신다. 하나님이 학교를 통해 믿음의 다음 세대를 세우실 것이라는 확고한 믿음의 첫 불씨만 피워진다면 하나님께서 채우고 인도하신다고 교장 선생님은 말씀한다.

"교회 사역의 우선순위가 대안학교가 된다면 좋겠다는 기대를 합니다. 주일학교는 한계가 있거든요. 모든 교회가 대안학교를 하나님이 주신 사명으로 생각하고 시작하기를 간절히 원합니다."

처음 시작할 때는 부모들과 비전을 나누는 것이 얼마나 중요한지 거듭 강조했다. 그 비전을 나누는 가운데 동참하는 분들도 있지만, 학교가 체계적으로 세워질 때까지 관망하는 분들도 많이 있다. 그럼에도 불구하고 학교 사역을 함께하는 것이 하나님이 얼마나 기뻐하시고 귀한 일인지를 누구나 경험하게 될 것이다.

교장 선생님의 말씀대로 사실 교회는 건물이 아니다. 또한 학교 역시 건물이 아니고, 아이들이 곧 학교이다. 늘 그러했듯이 나는 방송의 역할과 힘을 이야기했다. 널리 알릴수록 뜻을 함께하는 사람들이 모이게 되고 힘을 보태기 때문이다. 도움이 필요한 자나 도움을 주고 싶어 하는 자 모두에게 홍보의 역할은 매우 중요하다. 방송, 영상을 매개로 하는 홍보는 견고한 다리와 마찬가지다. 예컨대 재정 문제를 염려하는 곳이 많다. 그러나 돈이라는 것은 비전이 있는 곳으로 흐르게 되어 있다. 그것이 개인의 재산이든, 국민의 세금을 운용하는 국가이든, 그 뜻이 정당하고 바람직하면 투자를 하게 되어 있다.

"예수향남기독학교는 하나님이 주인 되시고, 하나님을 더 깊이 알고, 하나님이 인도하고 역사하시는 '하나님의 학교'이다."

하병용 교장 선생님의 말씀이다. 아무쪼록 이 학교가 하나님이 기뻐하시는 학교의 길을 계속 가기를 바란다.

## 입시라는 골리앗

✚

대한민국에서 대학 입시는 넘어야 할 높은 산이고, 건너야 할 깊은 강이 된 지 오래다. 유치원을 맡은 정해숙 원장이 말한다.

"힘든 과정은 분명히 있었어요, 교장 선생님도 오셔서 많이 힘드셨어요."

그러자 교장 선생님이 웃으며 말한다.

"지금도 힘듭니다. 그래도 우리 아이들을 보면 너무도 행복합니다. 사도 바울의 말처럼 날마다 죽고 날마다 다시 사는 느낌입니다. 아마 이러한 각오가 없다면 대안학교가 지속하기 힘들 것입니다."

"대안학교 아이들이 고등학교 과정에서 많이 지칩니다."

특별히 힘든 것은 부모님들의 입시 앞에서 흔들리는 마음이다. 신앙의 이름으로 아이들을 대안학교에 보냈지만, 입시라는 벽 앞에서는

"학교는 건물이 아닙니다. 아이들이 바로 학교입니다."

많이 흔들리기 때문이다. 처음에는 아이들의 인성과 신앙에 우선순위를 두었지만, 입시가 다가오면 그동안 감추어져 있던 것들이 모습을 드러내는 것이다.

우리가 정말 하나님을 전적으로 신뢰하고 있다면, 아이의 앞날이 하나님 손에 있고, 하나님이 그 아이들을 세밀하게 인도하실 것을 믿음으로 고백하며 나아갈 것이다. 그렇지만 막상 현실 앞에 서면 옆집 아이와 비교하며 친구와 이웃 엄마들의 한마디 한마디에 그 믿음이 흔들릴 때가 많음을 목격하게 된다. 이 점에 대해서는 교장 선생님도 깊이 공감하며 안타까워했다.

사실 하병용 교장 선생님은 전에 있던 학교에서도 이와 유사한 경험을 많이 했다.

"더 좋은 대학을 가기 위해 학원으로 가는 아이들이 있는가 하면, 끝까지 하나님을 믿고 신뢰하는 아이들이 있습니다. 결과 지상주의를 추구하는 것은 아니지만 후자의 경우 하나님의 세밀한 인도하심이 있었지요."

이 학교는 이번 처음으로 12학년까지 꽉 찼다. 그리고 첫 수능 응시생들이 탄생했다.

일반적으로 대안학교 아이들은 사회성이 없다는 편견을 가진 사람이 의외로 많다. 그러나 교장 선생님의 말씀에 따르면 오히려 정반대이다. 한 예로 쉬는 시간이면 교무실이 시끌벅적하다. 아이들이 몰려와 함께 장난을 칠 정도로 선생님들과 학생의 관계가 친밀하여 친구처럼 지내는 모습을 본다. 또 유치원 아이들은 고등학생들을 보면 "나 업어 줘, 나 안아줘." 하며 허물없이 다가온다. 그렇다고 위아래 없이 버릇이 없는 것은 아니다. 어른을 존중하고 상대방을 인정하면서도 자신의 의견을 당당하고, 정직하게 표출한다. 이처럼 수직으로나 수평으로나 관계가 두텁다. 때문에 대학교나 사회에서 더 좋은 평을 받는다.

하 교장 선생님은 전에 있던 학교를 떠난 뒤 신학대학원에서 신학을 공부했다. 목회를 생각하고 있었지만, 하나님께서 대안학교 사역의 소명을 주셨다. 그래서 2015년에 이 학교에 부임했다. 아주 힘든 시기에 온 것이다.

"제 딸이 대안학교를 쭉 다니다가 대학에 갔습니다. 학교를 다니며 이러한 관계성이 몸에 배다 보니 노교수님에게 '교수님 배고파요. 밥 사 주세요.'라고 말할 정도입니다. 교수님 역시 교수 생활 30년에 학생이 밥 사달라는 말을 처음 들으셨나 봅니다. 그래서 처음에는 어이없어 웃으셨지만, 그 이후 저희 딸만 보면 '자네 밥 먹었나?' 물으시며 밥을 사 주시곤 한답니다."

이 짧은 일화 하나만으로도 대안학교 학생들의 사회성에 관한 걱정은 어느 정도 떨쳐 낼 수 있을 것이다. 그뿐 아니라 아이들은 신앙공동체 속에서 섬기고 헌신하는 훈련을 한다. 갈수록 경쟁은 치열해지고, 이기적으로 되어 가는 이 시대에 이러한 아이들을 마다할 곳이 어디 있겠는가.

이 학교가 비인가 대안학교로 남아 있는 이유는 교육부의 인가를 받는 순간 여느 학교처럼 경쟁체제로 바뀌기 때문이다. 수시 지원에서 내신 성적이 바탕을 이루기 때문에 경쟁하지 않을 수 없는 구조로 바뀐다. 이렇게 될 경우 서로 돕고, 선의의 경쟁을 해온 아이들은 돌연 혼란에 빠질 것이다. 그뿐만 아니라 대안학교의 본질도 퇴색되고 만다. 서로 필기 노트도 빌려주지 않는 세상인데 이곳 학생들은 시험을 하루 앞두고도 친구가 물어보면 그것을 설명해 주기에 바쁘다. 성적 자체에 크게 연연해하지도 않는다. 그 자체가 별 의미가 없기 때문이다. 시험의 진정한 목적은 점수를 매기고 등급을 나누기 위해서가 아니라 배운 것을 복습하고 확인하는 것이기 때문이다. 단기 기억을 장기 기억화시키는 방법이기도 하다. 시험에 대한 선생님들의 마인드도 이런 식으로 바뀐 상태이다.

핀란드의 시험 방식을 참고할 필요가 있다. 핀란드에서는 시험 시간에 모르는 것이 있으면 자유롭게 선생님께 질문한다. 또 자신의 답이 맞는지 틀렸는지도 물어본다. 그러면 선생님은 친절하게 대답한다.

교장 선생님은 우리도 이런 식으로 시험을 치르면 좋겠다고 하셨다.

"시험은 하나의 과정이고, 시험에 대해 두려워하는 것이 사라지죠."

그런데 그 두려움이 너무 사라지니까 아이들이 시험공부를 안 한다고 농담처럼 말씀하셨다. 시험 때가 되면 아이들이 걱정하는 것이 아니라 선생님이 걱정하신다는 것이다. 시험을 마치고 성적이 잘 나오지 못했을 땐 아이들이 선생님께 사과한다.

"선생님, 정말 죄송해요, 이번에는 제가 공부를 정말 못했어요."

그러나 중요한 것은 이러한 과정에서 참다운 열매가 영글어 간다는 것이다. 즉 아이들은 자기 자신과 친구와 선생님 그리고 하나님과의 관계를 회복시켜간다. 이러한 회복 속에서 진정한 '샬롬'이 생겨난다. 이 평화는 곧 하나님이 우리와 함께하신다는 확신이며, 이러한 확신을 하고 살아가는 것이야말로 가장 큰 축복이다. 그리고 이러한 평화가 생기면 그 어떠한 어려움도 극복해나갈 수 있는 내적인 힘이 생긴다는 것이 교장 선생님의 지론이다.

이 학교 아이들이 첫 수능을 치렀는데, 그 결과를 궁금해하는 사람이 정말 많을 것이라고 한다.

"많은 성도가 궁금해하실 것입니다. 역시 우리 기대에 부응이라도 하듯 그 결과는 좋았습니다. 그러나 저는 처음에 서로 다투고 하던 아이들이 어떤 공동의 목표 아래서 하나 되고 격려하고 인정해 주는 아이들이 되었다는 것이야말로 열매라고 생각합니다."

매일 도망가고 싶을 정도로 힘들지만, 아이들에게서 이러한 열매를 볼 때 힘이 된다고 말씀하신다.

교회가 기독교 대안학교를 운영한다는 것은 쉬운 일이 아니다. 그러나 한국 교회가 감당해야 할 사명임이 틀림없다. 대안학교 설립에 대한 분명한 목표만 있다면 작은 규모로 얼마든지 시작할 수 있다. 처음엔 텃밭에 씨앗을 뿌리지만, 하나님이 함께하시면 돕는 손들을 붙여 주신다. 몇 만 평의 학교 부지도 마련해주시지 않던가.

비전을 가두어놓지만 말고 선포하라. 많은 하나님의 사람이 동참할 수 있도록. 이 교회는 2년마다 분립 개척한다. 학교도 견실해져서 분립 성장을 하면 좋겠다고 말한다. 사실 많은 대안학교의 리더십들이 지쳐 있다고 한다. 이러한 학교들에게 생명력을 불어넣고 다시 세우는 일도 필요하다. 그러기 위해서는 기독교 대안학교 리더들과 선생님들에게 체계적이고 질 좋은 재교육이 실행되어야 한다. 그러나 재교육의 틀이 제대로 갖춰지는 것은 쉽지 않다. 이 부분에서도 CTS기독교TV가 중요한 역할을 할 수 있을 것이다.

# 대구동일교회
## 동일 프로이데 아카데미

동일 프로이데 아카데미 성주 캠퍼스(중고등과정)

### 동일선교역사 기념관 – 동일교회의 심장이 되다

✛

"동일선교역사 기념관'은 동일교회의 모든 성도를 위한 교육의 장이다. 선교에 대해서, 자녀들 학습에 대해서, 사역에 대해서 여러 가지 주제를 계속 보여 준다. 또 이 교회를 처음 찾는 사람들은 이곳의 시청각자료와 전시물을 통해 교회에 대한 이해도를 높일 수 있다.

"복장이 좀 우스꽝스럽지요? 중국 푸젠성 복건성, 福建省 의 어부들이 입던 옷입니다. 그 당시 중국 선교사들은 하인을 두고 양복을 입고 살았는데, 이분은 중국 사람과 똑같은 옷을 입고 같은 것을 먹으며 생활했습니다. 귀츨라프의 인품이 그대로 드러나는 그림이지요."

오현기 담임목사님은 칼 귀츨라프 Karl Friedrich August Gützlaff 에 대해서는 전문가다. 2014년에 출간된 『굿 모닝, 귀츨라프』의 저자이기도 하다. 칼 귀츨라프에 대한 열정적인 소개다. 동일교회가 진행하는 모든 프로젝트에서 귀츨라프를 빼놓을 수 없다. 칼 귀츨라프라는 한 인물을 통해 '고대로'라는 낙도가 살아났다. 그야말로 교회가 지역 사회를 살릴 수 있다는 산 증거다.

칼 귀츨라프는 선교사 역사는 물론 문화적으로 또 역사적으로도 중요한 인물이다. 독일인인 그는 우리나라 최초의 개신교 선교사다. 1832년 순조 때, 고대도에 머물면서 우리나라에 처음으로 기독교를 전파했다. 또 주기도문을 처음 한글로 번역했다. 한글의 우수성을 서양에 알렸다. 또 한국에 처음으로 감자를 심었다. 서양 의술로 한국인을 치료한 최초의 선교사이기도 하다. 또 한국에 대한 서양 선교사들의 편견과 서양 선교사들에 대한 한국인의 편견을 깬 인물이기도 하다. 한 예로 그가 타고 온 배는 1천 톤급의 군함이 아니라 507톤급의 통상선이라는 것이 밝혀졌다. 제국주의와 함께 들어온 선교사가 아니라는 반증이다. 무엇보다 그가 영어와 독일어로 쓴 한국 선교 일기를 읽고 한국 선교를 꿈꾸는 사람들이 생겨났다. 그중에 한 사람이 토마스 선교사다.

동일교회의 선교역사 기념관이 만들어진 장소 또한 흥미롭다.

"교육관 끝에서부터 본당 끝까지의 거리가 70m 정도 됩니다. 전에는 이곳이 동굴처럼 깜깜하고 아무것도 없었지요. 전기를 절약한다고 불을 꺼서."

그런데 이곳을 선교역사 기념관으로 아름답게 꾸며 놓은 것이다. 그 아름다움은 곧 복음을 전하는 선교사님들의 발길이기도 하다. 이제 동일교회 성도들은 이곳을 지날 때마다 늘 초기 한국 교회의 모습과 초기 한국 선교사의 사진과 칼 귀츨라프와 고대도 등을 보면서 선교에 대한 비전을 품게 되었다. 한국 선교 역사의 출발점은 칼 귀츨라프라고 이야기하며, 그가 언더우드나 아펜젤러보다 52년, 토마스 선교사보다 34년 앞서 이 땅에 왔다는 설명을 뒤이어 했다.

동일교회에서 제일 어둡던 공간이 이제 교회의 심장처럼 되어 버렸다. 그리고 전 성도들은 물론 교회에서 하는 모든 프로젝트 저변에는 칼 귀츨라프의 정신이 깔려 있다.

오현기 목사가 동일교회 담임목사로 온 지 5년에 접어든다. 그 이전까지 동일교회는 모이기에 힘쓰고 기도하고 예배에 열중하였다. 2016년에 60주년을 맞으며 교회 패러다임에 큰 변화가 일기 시작했다. 새로운 담임목사와 당회의 신뢰가 만들어낸 변화다. 이제 동일교회는 지난 60년을 회고하기보다는 앞으로의 60년을 위한 비전에 몰두하고 있다. 온 교인이 미래를 위해 다음 세대를 위해 열심히 힘을 모으고 있다.

또 다른 놀라운 변화는 두 가지가 사라졌다는 것이다. 바로 목사님만 올라갈 수 있는 본당의 높은 강단과 당회실이다. 이것은 교단 특성상 놀라운 변화가 아닐 수 없다. 모두가 장로님들의 동의와 협력으로 진행된 것이다.

장로님들은 주일 사역과 함께 모두 평신도들과 어울리며 이야기도 나누고, 상담도 하고, 기도도 해 준다. 그리고 32평가량의 당회실은 개축해서 유아 예배실, 모자 예배실로 바꾸었다. 잘 꾸며진 당회실을 기꺼이 포기한 장로님들의 희생 열매라고나 할까.

## 열린 교육기관으로서의 교회

✦

동일교회는 모든 공간을 교육과 섬김의 장으로 잘 활용하고 있는 교회다.

● 동일 공공도서관

동일교회는 교회 성도뿐만 아니라 지역 주민을 위해 사립형 공공도서관을 설립하였다. 주민들이 매일 이곳을 찾아와 책도 보고 차도 마시면서 쉴 수 있는 공간이다. 학생들의 학습 공간으로도 쓰인다. 프로이데 어린이집 아이들과 동일 프로이데 아카데미 학생들도 날마다 와서 바닥에 앉아 동화책과 다양한 책을 읽곤 한다. 2019년 5월 21일, 동구청을 통해서 정식으로 사립 공공도서관 허가를 받았다. 교회가 공공 도서관을 하는 경우는 전국적으로 동일교회밖에 없다. 이 도서관에는 1만8천 권의 도서가 갖춰져 있다. 공공도서관의 특성상 신앙 서적에 치중하지 않고, 모든 분야의 책을 골고루 갖춰야 한다. 허가를 받았으니 더 많은 양서를 준비하여 교회뿐 아니라 지역 사회와 소통하는 공간으로 발전하길 바란다.

● 동일 프로이데 어린이집

동일 프로이데 어린이집은 국공립 어린이집이다. 원래 선교적 차원에서 어린이집을 계획하던 중에 동구청의 필요 요청으로 협력하여 설립하였다. 대구에는 약 1,600개 교회가 있는데, 교회뿐 아니라 지역 어린이집과 비교하여도 동일교회의 어린이집은 손에 꼽힌다.

● 동일 프로이데 평생교육원 - 전도의 통로

강의실, 연주실, 카페, 바리스타 교육 시설 등을 구비하고 있으며, 누구나 언제든지 와서 학습, 취미 활동을 할 수 있다. 200명 정도 학기마다 다양한 프로그램을 통해 교육을 받고 있다. 믿지 않는 사람도 많이 참여한다. 평생교육원은 전도의 통로로 큰 역할을 하고 있다.

"다람쥐 똥으로 만든 귀한 커피입니다. 맛이 좀 특이할 것입니다."

코피 르왁보다 비싸다는 귀한 커피를 대접받았다. 카페인이 전혀 없는 발효 커피라 한다. 커피를 대접하신 분은 4년 전 베트남 선교사로 사역하신 분이다.

"우리 평생교육원에서는 바리스타 시험을 치르고 자격증을 받을 수 있도록 교육하고 있습니다."

이 외에 목사님들의 사택 아래층에 있는 재가 노인 복지 센터도 빼놓을 수 없다.

# 특수 교육기관으로서의 교회

✚

● '대구동일교회 부설 이단 대책 연구소'

동일교회에는 '동일 이단 대책 연구소'가 있다. 이곳에서는 신천지를 비롯해서 이단들에 대처하는 법과 이단을 개종하고 교육하는 일을 하고 있다. 개관한 지 3년 정도 되었는데 개종자가 15명 정도 있다. 경북 지역에는 이단 대책 연구소가 단 한 곳도 없었다.

6주 코스 신천지 반대 교육 3주 차가 되었을 때의 일이다. 신천지 쪽에서 5,000명 규모의 집회신고서를 내는 바람에 경찰에서도 긴장하여 중재에 나섰다. 그러나 굴하지 않고 잘 이겨냈다. 이때 신천지에 대해 대응할 수 있는 단체가 많이 없다는 것을 실감했다고 한다. 결국 동일교회가 직접 나서 자구책을 마련한 것이다. 지금은 이 연구소가 경북 지역 응급실 역할을 맡고 있다. 지금도 계속해서 개종의 역사가 일어나고 있다.


● 동일 IT 선교 연구소

동일교회는 4차 산업 혁명 시대를 맞이해서 IT 연구소를 세워 기술로 복음을 전하는 사역을 하고자 했다고 한다. 교회의 사역이 방대하다 보니 대내외적으로 홍보의 역할이 중요해졌기 때문이기도 하다. 이를 위해 교회 자체의 앱과 웹을 개발하였다. '프로이데 평생 교육원'은 물론 '프로이데 아카데미'의 다음 세대 교육과 IT를 통한 선교 연구 등 많은 프로젝트를 진행하고 있다. 동일교회는 인터넷 자체 언론 매체를 가지고 있다. 정식 언론 매체다.

IT 연구소를 통해 임직자 선거 솔루션 등이
개발되었다.

몇 가지를 소개하면 다음과 같다.

'동일 TV' 앱을 통해 교회에서 진행하는 여러 가지 사역을 한번에
볼 수 있다.

● '동일교회 앱': 성도 전체는 앱을 통해 알림을 받을 수 있다. 예전
처럼 전송 비용이 별도로 들지 않는다.

● '스마트요람' 기능: 성도가 서로 동의하면 서로의 연락처를 주고
받을 수 있다.

● '비전 트립 Vision Trip' 앱: 선교지에 가면 복음을 전하고 싶지만, 말
이 통하지 않아서 복음을 못 전할 때가 있다. 현지어를 몰라도 이 앱을
통해 현지어로 번역해 주기에 복음을 전할 수 있다. 800여 개의 단어와
문장들이 있다. 지원 언어는 40개 언어 정도이다.

● 'Smart Vote' 앱: 모바일로, 웹상에서 선거할 수 있는 프로그램이다. 150개 교회가 해당 앱을 이용한다. 한국 교회 선거에 기여하고 있다. 총회 선거에서도 사용했다. 23분 만에 선거를 마칠 수 있다.

동일 IT 선교 연구소는 IT 세대인 다음 세대에게 앱을 통해 어떻게 복음을 전할 수 있는지 고민하고 있다. '2020 페스티벌'을 통해 온라인 전도사역도 하고 있다. 미래형 연구 기관으로서 사역하고 있다. 또 프로이데 아카데미 학생들의 코딩 교육과 더불어 성경 이야기를 코딩으로 교육할 방법을 모색 중이다.

이미 '프로이데 아카데미'에서 천지창조 이야기를 코딩으로 가르친 바 있는데 성과가 좋았다. 아이들은 성경 이야기를 확실히 알게 되었고, 창의적인 표현력도 늘어났다. 앞으로 기존 코딩 교육 과정을 유지하면서 성경으로 덧입힐 예정이다. '프로이데 아카데미'에서는 이미 코딩교육을 하고 있고, '프로이데 평생 교육원'에서 어른들을 대상으로 코딩 수강 신청을 받을 것이라고 한다.

대구교육청에서 대구에 있는 교사들에게 코딩과 4차 산업 교육을 하려는데 마땅한 장소가 없으니 동일교회를 찾아왔다. 그 후 15명의 교사가 이곳에서 IT 수업 연수를 받았다. 처음에는 장소가 교회라는 이유로 오지 않으려고 했다.

"교회에서도 좋은 일을 많이 하시네요."

지금까지 1,000명의 아이와 500명의 어른을 가르치면서, IT 교육도 선교와 전도가 될 수 있다는 확신을 갖게 되었다. 사람들이 필요한 교회가 된 것이다. 이처럼 동일교회의 모든 프로젝트는 연구소 시스템으로 돌아가고 있다.

"저희 교회는 연구소 시스템입니다."라고 담임목사님은 말씀한다.

## 동일 프로이데 아카데미(DFA: Dongil Freude Academy)
### – 초등은 비인가, 중·고등은 인가 예정
✛

'프로이데 Freude'는 독일어로 '기쁨'이라는 뜻이다. 이 기쁨은 하나님 안에서 한 개인에게만 국한된 기쁨이 아니라 학생과 선생님과 부모가, 더 나아가 이 나라와 세계가 기뻐할 수 있는 그러한 기쁨이다. 이 정도의 기쁨을 줄 수 있는 사람을 키워내겠다는 비전과 의지가 듬뿍 담겨 있다.

우리 일행이 학교를 방문했을 때, 7학년 아이들은 미국 비전 트립을 마치고 비행기로 돌아오는 중이라는 말을 들었다. 미국 플로리다 올랜도 Heritage Preparatory School과 Faith Christian Academy와 양해각서 MOU 를 체결했기에 매년 7학년은 비전 트립을 한다.

'동일 프로이데 아카데미'는 대구동일교회가 설립한 기독교 대안학교이다. 현재 도시형 캠퍼스 대구, 전원형 캠퍼스 성주, 마린 캠퍼스 고대도 모두 세 곳에 캠퍼스가 있다. 이 모두 21세기 통일 한국 시대를 이끌어 갈 기독교 세계관을 지닌 글로벌 인재를 양성하기 위해 설립한 학교들이다.

4차 산업 혁명 시대를 맞이하는 다음 세대를 위한
끊임없는 연구와 교육이 이뤄지고 있다.

## 동일 프로이데의 사명

1. 올바른 세계관을 기본으로 한 국가를 사랑하는 가치관 교육

2. 배움의 주체인 학생 간의 소통을 통한 자율적 교육

3. 지역 사회와 새터민과 함께 소통하는 공동체 교육

4. 창조의 섭리를 이해하는 자연 생태 교육

5. 21세기를 리드하는 혁신적 글로벌 리더 교육

6. 통일 한국을 준비하고 리드하는 희망 교육

수업은 '기본 주간'과 '역량 주간'을 교대로 실시한다. 기본 주간은 일반 학교에서 배우는 기본 교과를 포함한 수업 주간이다. 역량 주간에는 기본 수업을 진행하되 특수 활동에 비중을 둔다. 초등 과정에 포함된 수업은 24과목 정도로 다양하다. 즉 창의성을 발휘할 수 있는 다양한 시간과 4차 산업 시대를 준비하는 IT 전문 수업을 마련해서 아이들

이 불필요한 스트레스를 받지 않도록 균형을 잡고 있다.

"저도 중·고등학교를 거쳤지만, 입시에 시달렸던 기억밖에 없습니다. 그런데 독일에 가보니 고등학교 3학년인데도 낮 12시에 집에 오더라고요. 그런데도 대학 잘 가고, 노벨상 수상자 나오고 ….."

● 제1캠퍼스(대구 도시형 캠퍼스)

대구광역시 동구 동일교회 바로 옆에 있다. 도시형 캠퍼스라는 이름에 걸맞게 인근 센터(수영, 골프 등)들을 최대한 활용할 수 있다는 장점이 있다. 학교 역시 주민들과의 소통이 활발하며 동일아트홀은 600석 규모의 공연장으로 학교 공연 및 수업에도 활용할 뿐 아니라 일반인에게도 대여한다.

4차 산업 시대를 준비하며 초등학교 3, 4, 5, 6학년 학생들이 3D 프린팅 교육을 받고 있다. 아이들이 만들어낸 작품들 속에는 미래의 꿈과 확신이 담겨 있었다. 코딩과 로봇 과학 수업은 1학년부터 6학년부터 전 학년이 받고 있다. 실습용 드론 수가 40대나 된다. (IT 수업은 프로이데 어린이집에서도 진행하고 있다.) 일반 학교에서도 이런 IT 수업을 받기 위해 수업 교류를 진행하며 1년에 약 1,000여 명이 체험을 한다.

역량 수업의 일환으로 보통 공립학교에서 경험하지 못하는 뮤지컬 수업이 진행된다. 전 학년 모두가 음악 수업과 함께 학생들이 역량을 발휘한다. 전문가 선생님들께서 와서 아이들을 지도하고, 아이들은 자신의 이야기를 만들어 뮤지컬 공연을 한다. 아이들이 가장 좋아하는 과목 중 하나다.

예능 교육을 포함하여 기타 특수 교육은 제2캠퍼스에서도 동일하게 진행된다. 한 예로 1인 1악기 교육으로 인해 고령군의 청소년 오케스트라의 반 정도를 프로이데 아카데미 학생들이 채우고 있다. 다른 대안학교에 비해 국가와 지자체의 지원과 혜택을 지혜롭게 잘 누리고 있다.

초등학교에서는 영어를 제1외국어로 하고 있고, 4학년부터는 독일어를 제2외국어로 하고 있다. 미국이든, 유럽이든 장차 유학을 하더라도 기본 외국어 실력을 갖춰 주겠다는 취지다.

● 제2캠퍼스(성주 전원형 캠퍼스)

20세기 최고의 건축가 가운데 한 사람인 루이스 칸이 학교를 설계할 때, 교실 창밖으로 정원이 보이게 했다. 그러자 교장 선생님 말씀하셨다.

"애들이 선생님을 쳐다봐야지 바깥만 보면 안 됩니다."

그러자 그는 대답했다.

"세상에서 자연보다 더 좋은 선생님은 없습니다."

경북 성주, 3만 5천 평의 대지에 설립된 기숙사형 전원 캠퍼스이다. 대지도 광대하지만, 주변 환경이 전원 학습장소로 최적화되어 있다. 풋살장, 테니스장, 족구장, 농구장 등을 갖추고 있다. '동일 종합수련원'과 함께 한다. 이곳은 학교가 설립되기 전 동일교회의 '기도의 모판'으로 불리던 곳이다. 오래전부터 성도들이 부르짖으며 기도하던 곳이다.

한때 대지를 매각하자는 일부 의견이 있었으나 이곳이야말로 '교회의 심장'이요 '용광로 같은 곳'이니 절대 팔 수 없다 하고 학교를 세운 것이다. 기존 건물을 헐고 새롭게 건축하였다. 현재 이곳에서 동일교회 성도들은 3박 4일로 전교인 수련회를 열기도 한다. 또한 학교 방학 기간에는 다른 교회에서도 수련회로 사용이 가능하다.

건물 옥상에 올라가니 낮달이 떠 있는 하늘이 아름다웠다. 밤이 되면 별이 쏟아질 정도로 많이 보인다고 한다. 별 '성星' 자에 주인 '주主' 자, '별고을'이라는 애칭을 지닌 지역 이름 자체가 이를 충분히 대변한다. 중·고등학생들은 학교의 천문 망원경으로 별 관측 수업을 진행하기도 한다. 수업 시간이 아니라도 날씨가 청명한 날이면 아이들 스스로 장비를 챙겨 올라와 별 구경을 하고, 사진도 찍는다. 얼마 전 새로 등록한 교인 한 분이 마침 천문 동호회 회장님이시라고 한다. 하나님이 섬세한 부분까지 준비시키셨다며 감동을 표했다. 앞으로의 계획은 군과 협력하여 작은 천문대를 지을 예정이다.

목공실에서는 아이들이 직접 크고 작은 목공예품을 만든다. 아이들이 직접 만든 책받침대가 보기 좋다. 중·고등학생 모두가 목공예를 통해 창의력을 키운다,

이 학교는 교기1 학교 1 스포츠 는 검도이다. 일주일에 한 시간씩 유단자에게 검도 수업을 받는다. 8급에서 시작해서 1단까지 받은 아이들도 있다. 대회에 나갈 예정이다.

여가시간에 와서 운동할 수 있는 체력 단련실에는 각종 운동 기구가 구비되어 있다.

소강당은 각종 집회, 예배실, 체육관으로 활용된다. 예배 시간에는 CCM 동아리가 찬양 인도를 한다. 빔 프로젝터와 스크린을 갖추고 있어서 주말에는 선생님들이 선정한 좋은 영화를 관람한다.

5층은 여학생 기숙사, 4층은 남학생 기숙사가 있다. 남녀 사감 선생님이 24시간 계시면서 아이들을 돌본다. 원래 4인실이지만 지금은 2-3명이 함께 한 방을 사용한다. 기숙사 침대에 누워 창밖을 보면 사계절의 변화를 다 볼 수 있다고 한다. 6시 50분에 기상하면 반별로 경건의 시간(QT)을 하고, 운동하고 식사한다.

3D 프린터를 이용하여 프로젝트 수업으로 다리를 잃거나 아픈 동물들을 어떻게 도와줄 수 있을까 연구개발 중이다. 포항시와 한동대 그리고 포스텍에서 주최하는 VIC 프로젝트에도 참여했다. 대부분 고등학생이 참가하는데 중학생으로서 최연소 참가자가 되기도 했다. 역량 수업으로 뮤지컬과 쿠킹 클래스가 있다. 요리 동아리에서는 요리 과정을 사진으로 찍어 홈페이지에 올리기도 한다. 수업 시간이 아니라도 스스로 오븐을 활용해 간식을 만들어 먹기도 한다.

성주캠퍼스 도서관은 동일 공공도서관과 연계되어 있어서 최신 도서들이 주기적으로 이곳에 대여되었다가 반납된다. 인문 교양에 필요한 권장 도서가 선정되면 아이들은 과제로 그것을 읽고 도서 포트폴리오를 만든다.

매점은 학생 자율 매점으로 아이들이 돌아가면서 운영한다. 다른 친구들을 섬기는 마음으로 자원봉사를 하는 것이다. 필요한 물품을 신청하면 선생님이 구매한다.

또한 충남 보령시에 위치한 고대도에 마린캠퍼스<sub></sub>동일교회 고대도 선교센터 내는 학생들의 다양한 해양 탐험과 해양 학습을 할 수 있는 점이 큰 장점이다. 기독교 대안학교 사역에서도 학교의 비전과 학생들의 미래를 위해서라면 크고 작은 벽은 과감히 허물어야 하지 않을까 생각한다. 지자체, 지역 사회, 주민들과 적극적으로 소통하고, 네트워크를 형성하면서 필요한 지원을 받는 동일 프로이데 아카데미는 이러한 점에서 좋은 본을 보인다고 생각한다.

오현기 담임목사님, 강봉수 장로님과 함께

### 기독교 대안학교 설립 시 준비 단계에서 꼭 할 일

- 성도들을 대상으로 한 꾸준한 메시지 선포
  - 교회가 학교를 설립, 운영해야 하는 사명
  - 우리가 원하는 학교 교육 모습
  - 최소 분기마다 1회 이상
  - 학교 설립 이유, 근거 교회 정관에 삽입
- 학교 설립에 대한 비전 정립: 비전, 교육 목표, 교훈 등
- 대안학교 관련 법률 이해

### 기독교 대안학교 설립 과정상에 드러난 문제

- 학교 교육에서 교사가 차지하는 역할에 대한 중요성 결여
- 학교 설립 준비위원회와 교사들의 분리
- 교회 부속 학교의 학교장 역할 경시
- 인생을 거는 리더십 있는 교사의 부재
- 충분한 준비 없이 건축부터 시작함
  - 건축 후 교사 채용: 고용된 교사
  - 최소 3–4년 정도 준비가 필요

### 기독교 대안학교에서 진로 진학 방법

- 국내 대학 진학
  - 수시 전형 : 검정고시 전형, 대안학교 전형에서 응시
  - 정시 전형 : 수학능력고사를 응시하여 지원함
- 외국 대학: SAT를 응시하여 진학
- 국내 취업

## 대안학교 종류

- 인가 대안학교(각종 학교): 초·중등교육법 제60조의 3(대안학교)에 의거 인가됨

- 특성화 중학교: 1998년 학교 부적응 학생에 적합한 새로운 학교의 설립·운영을 제도화하는 조치 – 「초·중등교육법」과 그 시행령 제76조에 의해 교육감이 지정·고시

- 특성화 고등학교: 초·중등교육법 시행령」 제91조에 의거
  – 소질과 적성 및 능력이 유사한 학생을 대상
  – 특정 분야의 인재 양성을 목적으로 하는 교육
  – 자연 현장 실습 등 체험 위주의 교육을 전문적 실시
    • 직업 분야 특성화 학교: 애니메이션고, 디자인고
    • 대안교육 분야 특성화 학교: 흔히 대안학교로 알려짐

- 미인가 대안학교: 외국의 대안학교는 초등 과정부터 설립하여 나중에 중·고등 과정이 생겨남. 우리나라는 고등학교부터 생겨나기 시작함 (입시 교육의 문제점)
  – 도시형 미인가 전일제 중등학교: 서울 하자센터, 성장학교별, 은평씨 앗학교. 인투비전, 성미산학교, 고양불이학교, 이야기 학교 등
  – 전원형 미인가 중등학교: 금산 간디, 제천 간디. 산돌학교 등
  – 대안초등학교: 부천 산어린이학교, 광명YMCA. 볍씨 학교, 밀알두레 학교, 샘물기독학교 등

- 위탁형 대안학교: 일반 중·고등학교에 다니는 아이들 가운데 학교가 맞지 않는 아이들이 원하는 교육 기관에 가서 학습해도 출석을 인정하는 제도. 전학과 달리 원래 다니던 소속 학교에 학적을 두고 위탁형 대안학교를 다녀서 교육 과정을 모두 마치면 졸업 때는 소속 학교에서 졸업장을 받음

## 대안학교 인가를 받기 위한 최소 기준

1. 학교 용지나 건물에 담보가 설정되어 있지 않아야 한다.
2. 운동장을 확보해야 한다. 단, 국공립 체육 시설이나 공원, 운동장을 임대해도 인정이 된다.
3. 정부가 만든 교육 과정 국어, 사회 교과를 50% 이상 이행해야 한다.
4. 교사 자격증을 갖춘 비율이 전체 교직원 70% 이상이어야 한다.

3장

# 밀알이 되어라

# 은혜의동산기독교학교
## 교회를 살리는 학교

은혜의동산교회 전경

은혜의동산기독교학교는 규모가 작아도 얼마든지 학교를 만들 수 있다는 것을 보여 주는 좋은 사례다. '은혜의동산기독교학교'는 경기도 화성 남양에 있는 미인가 기독교 대안학교이다. 은혜의동산은 하나님 나라를 선포하고, 신앙공동체를 지향하고, 전인적 통합 교육 과정을 실천한다는 교육 철학을 기반으로 설립되었다.

"은동인 은혜의동산학교 아이들은 예배자로서 하나님을 경외하고, 돕는

자로서 사람을 섬기고, 청지기로서 만물을 회복한다. 은동인은 하나님을 예배하고, 이웃을 섬기고, 만물을 회복하는 사람들입니다."

아이들이 학교에 가는 것이 행복하다고 말하는 보기 드문 배움 공동체이다. 아이들의 환한 얼굴엔 웃음이 가득하다. 아이들은 자연 속에서 뛰어놀고, 배우며 통일 조국과 세계를 꿈꾼다.

2004년, '조이플 랜드' 창고에서 '은혜의동산교회' 설립 예배가 드려졌다. 2005년, 현 위치로 이전하여 입당 예배를 드렸다. 그 후, 2008년, 이규현 목사님은 다음 세대에 대한 소명과 지역의 교육적 필요로 인해 초등 방과 후 학교를 시작했다. 이어 교사 4명, 학생 5명, 학부모가 모여 중등 전일제를 위한 준비 모임을 시작했다. 이를 위해 교사들은 기독교적 교육 과정 계발을 위한 교사 연수를 받았고, 병천 순대 상가 2층에 있는 은혜의동산교회 고등부 교육관에 교실 마련을 위한 공사를 시작했다.
2009년 3월 드디어 중등 전일제 학교가 문을 열었다. 개교 입학식을 했다. 7학년 신입생 5명을 데리고, 전임교사 3명과 강사 10명이 교과 교육을 시작했다. 그 후 지금까지 초·중·고는 각 연령대의 특성에 맞춘 교육 과정을 실행하고 있다. 무엇보다 아이들이 학교생활을 즐거워한다는 것에 부모들은 안심한다.

# 이것이 교회가 살아남는 길

✝

은혜의동산교회는 3번째 분립을 했다. 분립할 때마다 50여 가정이 따라간다. 부목사님이 와서 교육을 받고, 분립 개척해서 나갈 때까지 약 10년이 걸린다. 개척을 위해 나갈 때는 본인의 역량과 능력을 따라 본인이 교인들을 데리고 가야 한다. 이렇게 사람들이 빠져나가면 한동안 모교회가 휘청하지만 새로운 사람들이 그 자리를 메꾸었다.

"우리 교회는 두 선교사 가정을 파송했고, 교회 3개를 개척했습니다. '맑은샘동산', '행복한동산', '하나숲동산' 이 세 교회가 형제 교회입니다."

2년에 한 번씩 개척했으니. 6년이 걸렸고, 선교사 두 가정을 포함하면 15년에 5개를 파송한 것이다. 이규현 담임목사님은 강조한다.

"산을 변화시키는 것은 나무 한두 그루로 안 됩니다. 숲을 이루어야 합니다."

형제 교회들이 아직 학교를 만들지는 못했지만 여러 가지 면에서 도움을 주며 협력하고 있다. 교회가 분립하지 않으면 설 수 없다고 말한다. 그리고 그 분립은 자발적이어야 한다.

은혜의동산교회가 학교를 시작한 지 벌써 10년이 되었다. 그 당시 교인 수는 약 300여 명이었고, 학교를 시작할 정도로 자원이 충분하지도 않았다. 여러모로 연약했지만, 비전과 소망이 있었기에 행동에 옮긴 것이다.

"교회가 작다고 용기를 못 내는 교회들에 저희가 좋은 사례가 될 것입니다."

형제 교회와는 달리 은혜의동산교회에서 학교를 선뜻 시작할 수 있었던 여건 가운데 하나는 자체적으로 교사를 충당할 수 있었기 때문이다. 즉 담임목사님이 가르치고 훈련했던 중·고등학생, 대학생들이 모여 교사가 되었다. 이 가운데 교사자격증이 있는 사람들을 중심으로 학교를 운영하게 되었다.

학부모님들이 찾아오셔서 학교를 시작하는 것이 어떻겠냐고 제안하셨다. 이 말을 듣고 난 담임목사님은 학교를 시작하려면 결국 최소한 아이들이 다섯 명은 있어야 하지 않느냐고 답했다. 다섯 명을 채우기 위해, 아이들 가운데는 일부러 진급하지 않고 일 년을 쉰 다음 다섯 명 가운데 합류했다. 다섯 명이 다 채워졌고, 드디어 중등학교가 시작되었다.

중등 아이들이 드디어 졸업할 시기가 왔다. 아이들은 고등학교로 올라가 계속 고등 과정을 공부할 것인가 말 것인가 토론했다. 그 결과 그대로 올라가기로 했고, 3년 후에 이 다섯 아이를 포함하여 모두 11명이 고등 과정을 졸업하게 되었다. 이들 가운데 지금은 이미 대학을 졸업한 아이들도 있으며, 그중 두 명은 각각 수학과 영어 강사로 학교를 돕고 있다.

교회의 관점에서 어찌 보면 학교를 운영한다는 것이 밑 빠진 독에 물붓기가 아니냐고 말하는 사람이 있다. 그러나 12년을 기다리니 아이

"교회가 작다고 학교 설립에 용기를 내지 못하는 교회들에게
저희가 좋은 사례가 될 것입니다."

들이 다시 교회로 돌아왔다. 모두가 훈련이 잘된 아이들이다. 이 아이
들이 주일학교 교사를 맡으니 교회로서도 기뻐할 일이었다. 또 대학생
이 된 아이들은 대학부에서 열심히 활동하니 대학부도 부흥했다. 드디
어 '선순환 virtuous circle'이 시작된 것이다.

"세월이 더뎌 보여도 금방입니다. 1학년 아이들이 12학년이 되기까
지 아주 오래 기다려야 할 것 같은데 어느새 초등학생들이 대학생이 되
는 것을 봅니다."

그러다 보니 학교에 관심이 없던 사람들도 관심을 두기 시작했다.
주일학교에서는 이 학교 아이들이 졸업하기만 기다린다. 각 부서에서
서로 데려가려고 난리다. 그뿐이 아니다. 기독교 대안학교에서 악기를
배웠기 때문에 주일 예배 찬양 시간에서는 오케스트라 연주를 한다.

교회가 조금만 참고 고생하면 곧 선순환을 맞이한다. 일반 학교와 교회가 만든 학교의 차이점은 아이들이 커서 교회로 돌아온다는 것이다. 그 아이들은 선뜻 교회를 떠나지 못한다. 다른 교회의 경우 대학에 입학하면 뿔뿔이 흩어지는 경우가 많다. 그러나 은혜의동산교회의 경우 10명이면 적어도 8명이 교회로 돌아와 예배를 드린다. 교회가 대안학교를 하게 되면 학교만 살아나는 것이 아니라 교회가 살아난다.

그리고 기독교 대안학교 출신들 가운데 미국의 기독교 대학에 입학하는 경우가 많다. 토론이나 리더십, 자율 학습을 이미 터득했기 때문에 그곳에 가서도 미국 아이들에게 뒤지지 않고 장학금을 받고 공부한다. 그리고 그 아이들이 공부를 마치고 돌아와 후배들을 돕는다. 또 졸업하고 선교사가 되겠다는 아이들도 있다.

은혜의동산기독교학교의 교사들은 일반 교육을 받은 사람들이다. 그러나 이 학교에서 신앙교육을 잘 받고 공부를 마친 아이들이 다시 교사가 된다면 더 바랄 나위가 없다고 말한다. 기독교 대안학교를 운영할 때 교사 양성은 매우 중요하다. 따라서 교회에서 조금만 인내하고, 아이들을 잘 가르친다면 모두가 교회를 섬기는 자원이 된다. 단지 자기 교회뿐만 아니라 사회적으로나 국가적으로도 중요한 인물이 될 역량을 지니고 있기 때문이다.

"교회가 아이들을 가르치는 것이 남는 것입니다. 교회는 이 일 <sub>기독교 대안학교 세우기</sub> 을 꼭 해야 합니다."

그리고 이런 이야기도 들었다. 목사님의 동기 가운데 큰 교회 목회를 하는 분이 있다. 그 교회의 모토도 '다음 세대'이다. 그런데 주일학교의 중요성은 강조하지만, 대안학교를 세우는 일에 대해서는 고민만 하고 있다. 고민한 지 벌써 10년째이다. 10년이 지난 지금 그 교회는 아직도 고민 중이고, 은혜의동산기독교학교에서는 이미 고등학생만 60여 명을 배출했다.

"사실 주일학교는 돈 들여서 달란트 잔치하고, 뭐하고 하는 것 외에는 크게 묘안이 없습니다. 저희도 주일학교를 하고 있지만, 대안학교가 병행되어야 시너지 효과가 납니다."

일주일에 한 번 주일학교 예배를 드리고, 2-30분 동안 분반 공부를 하는 것만으로는 아이들이 신앙을 이어갈 수 없다. 반면에 기독교 대안학교에서는 아이들이 매일 경건의 시간 $_{QT}$ 을 한다. 함께 예배드리고, 모든 교과 과정 저변에 성경의 가르침이 깔려 있다. 따라서 가능한 한 많은 교회가 기독교 대안학교를 설립해야 한다.

## 작은 것에서부터

✛

기독교 대안학교를 설립할 때나, 설립한 후에나 재정 문제는 중요하다. 예컨대 기독교 대안학교를 설립했다고 해도 교사들의 급여를 줄 형편이 못되면 학교 운영이 힘들다. 믿음과 사명감이라는 이름으로 소정의 급여만 받고 아이들을 가르치던 것은 이미 옛날 일이 되어 버렸다. 적어도 기본급은 줘야 한다.

"지금은 월급을 안 주면 선생님들이 오지 않는 그런 세상입니다. 예전에는 사명으로 해서 한 달에 60만 원, 80만 원 받고도 했지만, 지금 똑같이 그렇게 하라고 하면 아무도 안 합니다."

또한 학부모들이 아이를 대안학교에 보낼 결정을 하는 것 자체가 쉽지 않기 때문에, 뭔가 보여 주는 것이 필요하다. 즉 선생님 한 분만 믿고 아이를 보내는 시대가 아니다. 최소한 건물, 아니 교실이라도 있어야 한다. 이런 현실적인 면을 고려할 때, 기독교 대안학교는 준비된 교회, 대형 교회가 하는 것이 바람직하다. 학부모들께 건물 같은 것을 보여야 시작할 수 있는 시대다.

그렇다고 작은 교회가 대안학교를 하는 것이 절대 불가능하지는 않다. 물론 처음부터 대안학교를 하는 것이 힘든 교회도 많다. 그러나 형태는 다르더라도 아이들이 유입할 수 있는 방과 후 학교라든가 아동센터 등 교회 형편에 맞는 것을 시작하면 좋다. 일단 시작하면 그것이 씨앗이 되어 자라날 것이다. 교회마다 기독교 학교를 세우는 것이 현실적으로 어렵다면 아동센터를 통해 국가적인 지원을 받으면서 기독교를 잘 접목하는 것도 좋을 것이다. 즉 다양하고 창의적인 여러 모델을 도입하는 것이 필요하다. 이 점에 대해서는 각 교회가 고민해 봐야 한다.

한 예로 목사님 한 분이 이 학교에 와서 수학 수업을 도와준다. 그분도 대안학교 설립에 대해 고민 중이다. 그리고 마침내 방과 후 기독교 대안학교를 시작하기로 하셨다. 학교를 마치고 오는 아이들을 한 서너 시간 데리고 있으면서 기독교 교육을 하신다는 것이다. 이것 역시 새로운 아이디어다. 다만 문제는 학교에 행사가 있는 날에는 쉬어야 한다는 것이다.

"저희도 방과 후 학교를 할 때 같은 경험을 했습니다."

중요한 것은 이렇게라도 경험과 경력을 쌓으며 교육 과정을 형성해 나가야 한다.

"은혜의동산교회가 동산학교를 위해 예산을 계속 투자한 것처럼 저희 교회도 같은 생각입니다. 시설비, 가스, 전기, 수도 등 계속 재정을 투입합니다. 그러나 후원단을 모집해서라도 계속 투자를 해야 합니다."

은혜의동산기독교학교는 행정적으로는 교회 소속이지만 재정은 모두 독립적으로 운영하고 있다. 그래야만 학교 운영이 원활하다. 예를 들어 건축하더라도 학교에서 예산을 집행하는 방식으로 한다. 그래야만 교회와 독립적인 관계가 되어 자율성을 침해받지 않고, 교회나 학교나 윈윈win-win 할 수 있다.

"저는 교회의 교육목사이면서 학교 교장으로 중간자 역할을 합니다. 건물이나 시설 사용을 함께하기에 이따금 불만이 나오기도 합니다. 그러나 행사가 있을 때는 서로 도와주면서 협력합니다."

또 다른 예를 들자면, 고등부 전도사님이 학교에서 한 과목을 가르친다. 그러면 그것이 징검다리 역할을 해서 아이들이 졸업 후에도 떠나가지 않는다.

내가 누누이 하는 말이지만 교회가 대안학교를 재정 수입의 도구로 사용한다면 백전백패이다. 소형 교회나 미자립 교회들이 은혜의동산기독교학교에 관한 것을 영상과 책을 통해 보고, 학교를 세우고 싶다는 마음이 들면, CTS기독교TV가 얼마든지 도울 것이다. CTS기독교TV는 각 학교의 성공 사례 또는 실패의 문제점을 공유할 것이다.

결국 다음 세대를 가르치는 데 있어서 가장 중요한 것은 의지다. 특히 작은 교회의 경우, 목회자와 사모의 의지는 가장 중요하다. 또한 대안학교가 정부나 사회 기관을 통해 다른 기관으로 물질적인 도움을 받을 방법도 모색할 필요가 있다.

정부의 도움이 아니라면 기업의 도움을 생각해 보는 것도 좋다. 예를 들어 만일 CTS기독교TV가 중간 역할을 하고, 일종의 보증을 해 주고, 교회가 기업과 자매결연하게 해 준다면, 기업은 본인들이 원하는 교육 과정을 만들어 그것을 교육하고, 아이들이 졸업하면 기업체에서 그들을 채용하는 것도 얼마든지 가능하다. 이런 방식으로 교회가 기업의 지원을 받을 수 있는 통로를 마련할 수 있다.

이혁재 교장 선생님과 함께

"그런 도움은 교회 자체에서는 힘듭니다. 어떤 단체 <sub>CTS기독교TV라도</sub> 에서 연결해 주시면 훨씬 좋을 것 같습니다."

고난은 필연이다. 극복의 길이 곧 주님과 동행하는 길이다. 기도라는 무기를 들고.

# 반디기독학교
## 학교를 세워 주세요

부산에 위치한 반디기독학교

"예수님이 친히 머릿돌이 되시어, 버려진 돌과 같은 사람들을 모퉁잇돌로 삼아 세워 주신 학교입니다."

### '0교시 수업' QT

✚

'반디'라는 이름에는 "스스로 빛을 낼 줄 아는 지혜롭고 능력 있는 어린이"란 뜻이 담겨 있다. 반디기독학교의 으뜸 철학은 "사랑의 실천"

이다. 반디기독학교의 교육은 크게 네 분야로 나뉜다. 성품 교육, 신앙교육, 기초학문 그리고 예체능과 재능교육이다. 이 가운데 신앙교육을 주목해 본다면 매일 QT로 수업을 시작한다. 일주일에 한 번씩 전교생이 모여 목사님께 말씀을 배우거나 성경 토론을 하는 시간이 있다. 또한 달에 한 번 부모님과 함께하는 온 가족 새벽 채플이 있다. 새벽 채플이 끝나면 다 같이 아침 식사를 한 후 출근과 등교를 한다. 졸업 여행은 곧 선교 여행이다.

반디기독학교는 '반디 크리스천 키즈클럽'이라는 크리스천 유아 학교에 뿌리를 두고 2014년 3월에 개교하였다. 반디기독학교의 탄생은 매우 독특하다. 학교를 세워 달라는 아이들의 기도 열매다.

"아이들의 기도대로 이 땅을 매입하고 착공식 때 그 아이들이 나와서 찬양하고 흙을 펐습니다. 지금 그 아이들이 벌써 6학년입니다."
이애경 교장 선생님의 말씀이다.

그 아이들이 1학년으로 입학했고, 벌써 6학년이 되었다. 4살이었을 때부터 줄곧 반디에서 교육을 받은 셈이다. 지금 아이들과 학부모님들이 중학교 과정이 생기기를 바라고 있다.
"4살부터 10년 동안 매일 QT를 하며 자란 아이들이 일반 아이들과 무엇이 다를까?"
이 점에 대해서는 많은 사람이 궁금해할 것이다. 일일이 나열하기 힘들 정도로 다른 점은 아주 많이 발견되었다.

영적인 것은 외양만으로 측정할 수 있는 것이 아니기에 우선 학습과 인성 분야에서만 비교 데이터를 작성했다. 대체로 반디학교에 입학한 아이들의 50%는 일반 아이들이고, 나머지 반은 키즈 출신이다. 이 두 그룹 아이들의 학교 시험 결과를 비교했다. 놀랍게도 반디 출신 아이들이 전 학년에서 모두 평균이 높았다. 그리고 학년이 높아질수록, 고학년일수록 평균차가 더 커졌다. 6학년 기준으로 5과목을 치렀을 때 반디 아이들이 평균 7점 정도 더 높았다.

주목해야 할 사실은 일반 아이들 대다수가 영어 유치원이나 명문 유치원을 다녔고, 어릴 때부터 사교육도 받았다. 반면에 키즈 출신 아이들은 사교육을 전혀 받지 않았다. 반디학교와 마찬가지로 사교육은 일절 금하고 있기 때문이다.

그래서 학교에서는 왜 이러한 차이가 생겼는지 연구를 시작했다. 그 결과 두 가지 원인을 찾아냈다.

첫째는 '성경말씀'이다. 5-7세까지 성경을 3번을 보게 된다. 4세 때에는 선생님이 성경에 관한 이야기를 읽어 준다. 5세 때에는 성경에 등장하는 단어와 등장인물 10명을 중심으로 배운다. 6세에는 문장 중심으로 성경 인물 14명을 공부한다. 그리고 7세에는 토론을 한다. 그 과정에서 아이들은 성경 속의 다양하고 어려운 단어들을 자연스럽게 접한다. 예를 들어 '은혜', '긍휼'과 같은 단어는 같은 또래의 다른 아이들이 쉽게 접할 수 없는 단어다. 그러나 키즈 출신의 반디 아이들은 네댓 살부터 이러한 단어를 들으면서 자랐다. 더 나아가 '은혜'에 대해서 단순한 사전적 정의가 아니라 삶 속에서 보이지 않는 그 어떤 것을 느끼며 자랐

말씀을 기반으로 한 교육은 아이들에게 이해의 마음과 사랑의 섬김을 알게 합니다.

다. 즉 어떤 개념을 지적 이해가 아닌 감성으로 깨닫는 것으로 배우다 보니 개념이나 원리 이해에 있어 훨씬 빠르고 정확하다. 또 학습에 대한 사고력이 유연하고 힘이 있다. 아이들은 성경공부를 즐거워한다. 유아들임에도 불구하고 1학기가 끝날 때에 성경 암송대회가 있다. 아이 모두가 참석한다. 50개의 번호를 붙여 놓고, 자기가 뽑은 성경구절을 암송하는 방식으로 진행된다. 이러한 성경 암송 역시 학습 성과에 큰 영향을 미친다. CTS 성경 암송 대회를 할 땐 전교생이 참여한다. 대회가 열리기 전에 자료를 받게 된다. 자료를 받은 그날부터 말씀을 외우기 시작한다. 대회에는 지원자들만 나가지만 모든 아이가 의무적으로 말씀을 암송한다.

요즈음 국공립학교에서는 시험을 치르지 않는다. 시험을 치른다 해도 쪽지 시험이나 단원 평가를 한다. 다만 등수를 매기지 않는다. 그러나 반디학교에서는 시험을 치른다. 서술형과 구술형이 주를 이룬다. 독특한 점이 있다면 시험지 내용이 아이들 수준에 따라 다르다는 것이다. 시험의 본래 목적이 점수를 내기 위한 것이 아니라 그 아이의 학습 능력, 자신감, 의욕을 진단하기 위한 것이기 때문이다. 이것을 알아야 아이에게 맞는 교육이 가능하다.

둘째는 기도였다. 키즈 출신 아이들은 QT 시간, 예배 시간, 성경공부 시간 등 하루에 몇 번씩 기도한다. 그러다 보니 자기 생각을 말로 표현하는 훈련이 되어 있다.

그뿐 아니라 자기 주도 학습 능력도 자연스럽게 길러진다. 영어 경시대회를 통해 아이들은 지금까지 배운 단어를 뽐낸다. 개인전과 단체전이 있는데, 개인전에서는 배운 단어로 연설해야 한다. 단체전에서는 시나리오를 만들고 연극을 해야 한다. 그러다 보니 아이들은 해리포터를 원서로 읽고 오바마 대통령의 연설문도 읽는다.

아이들은 어릴 때부터 어떤 주제를 가지고 기도하는 훈련을 한다. 아이들은 집에 돌아가서도 식사기도 하고, 잠자리에 들기 전에 기도한다. 때로는 친구 할머니를 위해 중보기도도 한다. 부모는 아이의 기도를 모두 듣게 된다. 부모가 불신자라도 아이들의 기도에 감동한다. 이렇듯 아이들은 복음 전도의 통로가 된다.

## 선교를 꿈꾸는 아이들

✚

키즈클럽 같은 경우 12월 중 이틀은 수업을 안 한다. 한 날은 특별 선교의 날이고, 또 한 날은 성탄절이다. 특별 선교의 날이면 선교사님이 오셔서 아이들의 눈높이에 맞추어 선교 이야기를 들려주신다. 이런 식으로 아이들은 어릴 때부터 선교지에 관한 이야기를 계속 듣는다. 이 날이 되면 아이들이 저마다 저금통을 들고 온다. 그 저금통은 입학할 때 나누어 준 것이다. 일 년 동안 모은 것을 일 년 만에 깨는 것이다. 그리고 그 돈을 모아 선교지에 보내기도 하고 문화 사역(크리스마스 엽서 만들기)에 사용하기도 한다. 예루살렘 고아원에 담요 100장을 보낸 적도 있다.

엽서 제작 비용은 약 100만 원 정도인데 그보다 많은 액수가 모일 때도 있다. 키즈 아이들과 반디학교 아이들이 그린 그림으로 작년에는 12,000장의 엽서를 만들어 이웃에게 나누어 주었다. 이러한 활동은 잃어버린 성탄절의 올바른 의미를 되찾고자 하는 반디학교 어린이들의 문화 사역이다. 이 엽서는 해마다 성탄절 무렵에 무료로 배포된다. 아이들이 구슬로 목걸이를 만들어 팔아, 그 수익금으로 캄보디아에 우물을 파 준 적도 있다. 선교에 대한 교육은 어릴 때에 얼마든지 가능하다.

"이러한 교육을 다른 교회와 기독교 대안학교에서도 했으면 좋겠습니다."


초등학교 6학년이 되면 졸업 여행을 가는데 주로 선교지로 간다. 일단 목적지가 정해지면 해당 국가에 관해 공부를 시작한다. 이번에도 6학년 아이들이 검정고시를 치르고(일반 중등학교에 진학하기 위해서는 초졸 검정고시를 치러야 한다.) 5월에 필리핀으로 갔다. 가기 전에 필리핀의 위치, 날씨, 역사를 공부했다. 그리고 가기 전에 어떤 복음을 전할지 아이들이 미리 기획했다. 아이들은 선교지에서 선생님을 의지하지 않고 독자적으로 복음을 전했다.

따글로반은 태풍 때 대참사를 겪은 마을인데, 그곳 빈민가로 선교여행을 갔다. 가는 데에만 15시간이 걸렸다. 마닐라 공항에서 7시간 체류했다. 도착하자마자 2시간 정도 휴식을 취한 후 곧 사역을 시작했다. 그 전에 아이들에게 과제를 줬다. 그것은 "우리가 저 아이들보다 풍요롭게 사는 이유는 하나님이 우리를 더 사랑하기 때문인가?"라는 질문의 답을 찾는 것이었다.

아이들은 빈민가를 다니면서 빵을 나눠 주고 찬양했다. 아이들이 태권도 시범도 보이고, 악기 연주도 했다. 동네 사람들이 모두 구경을 나왔다. 그 나라의 국가를 연주할 때에는 앉아서 놀던 사람들도 다들 일어나서 국가를 따라 불렀다. 그리고 마을 학교에서는 하나님의 천지창조 이야기를 미술 활동을 통해 전하기도 했다.

숙소에 돌아온 아이들은 질문과제를 놓고 토론했다.
"하나님은 저 아이들보다 우리를 더 사랑하시는 것일까?"
아이들이 내린 결론은 "하나님은 모두를 똑같이 사랑하신다."는 것이었다. 정말 중요한 것은 물질이 풍부한가 아닌가에 있는 것이 아니라, 행복에 있는 것이라는 것, 또 "빈민가 사람들은 우리만큼 좋은 차나 에어컨을 가지고 있지 않지만 사랑하는 가족이나 친구가 있기 때문에 그들과 함께 무엇인가를 한다면 행복할 수 있어." 그리고 "예수님과 함께 있으면서 무언가를 함께할 수 있다면 가장 행복할 수 있다."라는 최종 결론을 이끌어냈다. 이것이 6학년 아이들이 내린 결론이었다.

## 학교의 중심은 교사

✚

기독교 대안학교를 운영하는 데 있어서 제일 중요한 것은 교사다. 그런데 현장에서 가르치는 선생님들은 이 아이들과 같은 교육을 받지 못했다. 입시 교육을 받았을 뿐이다. 그러나 기독교 대안학교 교사를 하고 있다는 것 자체가 선교자고 개척자다. 세대가 바뀌어 이 아이들이 교단에 서게 되면 명실공히 진정한 기독교 교사가 될 것이다.

반디학교에서는 추천을 받거나 공채를 통해 교사를 모집한다. 그런데 선생님들이 기독교 교육을 할 수 있도록 재교육하는 것이 매우 힘들다. 일반 학교에서는 유능한 인재이지만 기독교 대안학교에서는 시각이 다르기 때문이다.

"기독교 교사를 양성할 수 있는 대학교가 있었으면 좋겠습니다."

"독일과 네덜란드를 스터디 투어로 방문한 적이 있습니다. 15개의 학교를 방문했지요. 가장 부러웠던 것은 네덜란드에서는 국가가 100% 재정 지원을 한다는 것이었습니다."

사실 대안학교가 가장 힘들어하는 부분이 재정과 교사 문제다. 그런데 재정과 교사를 공급받는다고 하니 우리로서는 꿈같은 일이다.

"저희에겐 재정이 충분치 않습니다. 키즈클럽을 시작할 때엔 개인집을 팔아서 시작했습니다. 사람들은 도대체 누가 저런 데를 돈 내고 갈지 염려했지요."

이애경 교장 선생님

키즈클럽을 짓고 아이 6명, 교사 11명이 왔다. 당연히 매달 적지 않은 적자를 보았다. 하지만 한 번도 후회한 적이 없다고 한다. 1층에는 크리스천 북 카페를 열고 책을 5,000권을 갖춰 놓고 마을 사람들이 와서 자유롭게 읽을 수 있도록 했다. 무료 입장 음악회를 1년에 16번을 진행했다.

지금은 1층과 2층 모두를 '크리스천 키즈클럽'으로 사용하고 있다. 학교 재정도 빨리 안정이 되었고, 현재는 적자를 보지 않는다.

키즈클럽과 반디학교의 장학금은 연간 2억 원을 넘는다. 교육비로 들어온 수입을 다시 돌려주는 것이다. 유아들과 초등학생에게 웬 장학금이 필요하냐며 고개를 갸웃했지만 절대 그렇지 않다. 하나님의 세밀한 도움이 필요한 아이가 의외로 많다. 정부나 특정 단체의 도움이 일절 없는 상황에서 오른손이 하는 일을 왼손이 모르게 하는 일부 학부모와 숨은 몇몇 손길이 이 아이들을 학교와 함께 돕고 있다.

"대형 교회들이 해 줄 수 있는 큰 역할들이 있다고 봅니다. 교회가 기독학교 교육에 대한 중요성과 필요성을 홍보하고 지원해 주시면 좋겠습니다. 학교의 채플 시간을 인근 교회 목사님들이 도와주신다거나 기독 교사 모집과 양성에 적합한 교회 청년들을 적극적으로 독려하는 것도 큰 도움이 되겠습니다. 즉 이런 교육의 생태계를 만들어 가기에는 교회들의 협력이 필요하다고 봅니다. 이러한 부분들은 저희 힘만으로는 어렵습니다."

더 나아가 교회에서 기독교 대안학교를 세울 수 있다면 그것도 바람직하다. 예를 들면, 일반 학교에 가기에도 애매하고 특수학교에 가기에도 애매한, 그야말로 경계선에 있는 아이들이 있다. 이러한 아이가 의외로 많다. 이 아이들을 국가에서도 잘 보살피지 못하고 일반적인 기독교 대안학교에서도 한계에 부딪힐 때가 많다. 오직 복음과 사랑의 바탕 위에 전문성을 갖춘 그런 기독교 대안학교가 필요하다.

"이런 역할을 대형 교회에서 해 주시면 정말 좋을 것 같습니다."

교회들이 이런 학교에 적극 관심을 둔다면 전도 그 이상의 효과가 날 것이다. 사각지대에 가려져 도움을 기다리는 많은 아이, 그 아이들에게는 십자가의 사랑과 복음으로 철저히 무장된 학교가 절실히 필요하다.

CTS기독교TV가 다음 세대 사역을 돕기 위해 설립한 "CTS 다음세대 지원센터"에서는 교사 양성 부분에 대해서도 생각하고 있다. 아니면 신학교에서 대안학교 교사 대학원 학교와 같은 과정을 개설해서 대안학교 생태계를 만드는 것도 한 방법이다.

중요한 것은 반디학교와 같은 학교를 세우고 싶어 하는 교회들이 있다는 것이다. 농어촌 교회인 가덕교회가 그 한 예이다. 이제는 때가 되었다는 생각으로 열심히 준비하고 있지만, 일단 교사가 없고, 무엇을 가르쳐야 하는지 모르는 상태이다. 그래서 반디학교의 이애경 교장 선생님께 교사 교육을 의뢰했다. 교장 선생님으로서는 이러한 교육 기관이 생기기만 한다면 얼마든지 돕겠다고 했다. 그러자 교사 3명이 1년 동안 반디기독학교 옆에 방을 얻어 생활하면서 배우겠다고 했다. 그렇게 1년간 준비하면서 2021년도에 설립하겠다고 했다. 이처럼 간절하게 학교를 세우고 싶어 하는 교회가 있다는 것은 그냥 듣고 넘어갈 일이 아니다.

"복음과 사랑의 바탕 위에 전문성을 갖춘 기독교 대안학교들이 세워져야 합니다."

또 기독학교 교장 한 사람이 돕기에는 당연히 한계가 있다. 이런 수요를 해결해 줄 수 있는 큰 통로가 절실히 필요하다. 학교가 세워지기 전에 교사와 교육 내용이 준비돼야 하는 것은 당연하다. 이런 큰 통로를 세우는 일에 CTS 다음세대 지원센터가 앞장을 서게 될 것이다. 이때 많은 교회와 기독 대안학교가 서로 합력하여 다음 세대를 위한 하나님의 뜻이 반드시 이 땅에 이루어지기를 소망한다. 더불어 반디학교와 같은 학교가 점차 늘어나길 바라는 마음이 간절하다.

# 밀알두레학교
## 예수님과 함께하니 공부가 재미있어요

밀알두레학교 전경

## 학교는 정말 재미있을까?

✚

요즘 초등학생들에게 묻는다.

"학교 가는 것 재미있니?"

그러면 대다수의 아이가 고개를 갸웃하고는 이렇게 대답한다.

"잘 모르겠어요. 그저 그래요."

호기심 가득하고, 힘이 넘치는 이 아이들, 학교 가는 것이 즐거운 아이들, 친구들과 만나기만 하면 서로 엉켜 뒹굴고 깔깔거리는 아이들. 그러나 현실의 모습은 다르다. 아이들의 얼굴은 시무룩하고, 어깨는 처져 있고, 걸음걸이 또한 힘이 빠져 있다. 수학이니 영어니, 문제집을 쌓아 놓고 씨름하는 아이들의 뒷모습, 그것이 현 교육의 초상화이다.

그러나 '밀알두레학교'에는 이와는 정반대의 모습을 볼 수 있다. 이 아이들은 일기장에 이렇게 적는다.

"학교는 언제나 재미있어요, 그러나 오늘이 최고 재미있어요."

"빨리 학교에 가고 싶어요."


2005년, 현직 교사들 5명이 사직서를 제출하고 나와 '두레학교'를 설립했다. 그 후 2011년 3월, 밀알두레학교가 분립했다. 밀알두레학교 역시 현직 초·중·고등학교 교사들이 사직서를 제출하고 나와서 설립한 기독대안학교로, 10년 차가 되었다.


● 밀알두레학교는 교회와 학교와 가정이 하나다.

밀알두레학교는 기독교 교육을 위한 학교가 아니라 기독교 사상에 기초한 대안학교다. 초등학교 5년, 중학교 4년, 고등학교 3년으로 직업과 학업을 병행하는 진로 교육 시스템이다. 밀알두레학교는 무엇보다 학교와 가정 그리고 교회가 하나 되는 삼위일체 교육을 추구한다. 일반 아이들처럼 학교와 학원에 의지하지 않는다. 기독교 세계관을 바탕으로 공동체 교육과 체험 교육, 민족과 평화 교육, 맞춤과 창의 교육이 이루어진다.

가정에서는 매일 짧은 가족 모임을 갖고 학교에서의 교육 내용과 연계된 대화 시간을 보낸다. 삼위일체의 한 축인 교회는 건강한 인성과 영성을 아이들에게 심어 주고 교회로서 사회적 역할에 대해서도 중요한 위치가 있다.

● 밀알두레학교는 작은 학교를 지향한다.

이상적인 교육, 학생들이 직접 참여하고 직접 몸으로 행동하며 배울 수 있는 교육은 작은 학급에서 이상적으로 이루어질 수 있기 때문이다. 밀알두레학교는 매년 아이들이 1학년부터 11학년까지 골고루 들어가도록 16개의 그룹으로 나눈다. 이 작은 그룹을 "밀알현제"라고 부른다. 이렇게 하면 12년 졸업할 때까지 대부분의 선후배들이 가족 이상으로 가까워지게 된다. 그리고 이 밀알 형제들끼리 두 달 동안 준비해서 3박 4일의 여행을 다녀오게 되는데 이것을 "우리땅즈려밟고"라고 부른다, 이 여행을 통해 서로를 진하게 알게 된다고 한다.

● 밀알두레학교의 교과서는 이름도 남다르다.

아름다운 우리말을 살린 '우리말 우리글 국어', '수셈공 수와 셈과 공간, 수학', 수업을 학생들 관점에서 "배움"이라 부르고, 현장 학습은 "현장 배움"이라고 부른다. 밀알두레학교는 1학기와 2학기로 구분하지 않고 네 개의 배움 마당으로 나누고 있다. 3월부터 5월 초까지를 첫째 배움 마당, 연휴를 합쳐 4-5일간의 봄방학을 가진 후, 5월 중순부터 7월 하순까지 둘째 배움 마당을 갖는다. 여름방학이 끝나면 8월 말부터 10월 말까지를 셋째 배움 마당이라 하고, 역시 연휴를 합쳐서 4-5일간의 가을방학을 가진 후 11월 초부터 2월까지 넷째 배움 마당을 갖는다.


● 밀알두레학교는 사회생활의 시뮬레이션이다.

3월 중순에는 밀알두레마을을 이끌어 나갈 이장을 선출한다. 또 한 달에 한 번씩 전체 교직원과 마을 주민들(학생들)이 모여 마을 회의를 한다. 회의를 통해 공동의 안건을 논하고 스스로 관리하고 책임지기 위한 학교 법을 개정한다.

점심시간이 되면 학교 안에서 진기한 풍경이 펼쳐진다. 학교를 하나의 작은 마을로 여기고 이 마을을 유지해 나가기 위한 다양한 직업 활동이 전개되는 것이다. 희망하는 직업을 직접 체험하는 일종의 시뮬레이션 프로그램이다. 예컨대 복도에는 어깨에 띠를 띠고 무전기를 들고 있는 경찰이 지키고 서 있다. 또 다른 쪽에는 은행, 디자인센터, 신문사, 보건복지부, 재활용센터, 집배원, 나눔의 가게 등이 있고, 저마다 고유의 직업 활동이 진행된다. 이 모두가 아이들이 직접 체험하는 경제활동이다. 이 사회의 축소판이다.


● 밀알두레학교만의 화폐가 있다.

특기할 만한 사실이 있다면, 학교 자체의 화폐가 통용되고 있다는 것이다. 학생들은 활동을 통해 이 화폐를 획득한다. 그리고 이 화폐는 실물가치를 지니고 있기 때문에, 간식을 사 먹고, 벌금도 내고, 학용품도 구매할 수 있다.

은행에서 돈을 찾은 어린이들은 제일 먼저 달콤한 와플과 시원한 레모네이드를 판매하는 '나누소 가게'로 달려간다. 이 가게는 아이들이

아이들이 직접 운영하는 교내 은행과 "나누소 가게"

직접 운영한다. 와플 역시 아이들이 직접 만든다. 하루 30개 이상의 와플을 굽는다. 처음엔 시간이 많이 걸렸으나 지금은 숙달되어 5분이면 충분하다.

와플을 기다리는 동안 아이들은 질서 정연하다. 장난을 치고 싶어도 경찰의 눈치를 보느라 참는 것이다. 그 경찰 역시 아이들이다. 이들의 책임은 교내 질서 유지다. 그래서 복도에서 뛰거나 큰 소리로 떠드는 아이들에게 '벌금 고지서'를 발부할 수 있다.

심지어 이 화폐로 헌금도 하고 기부도 한다. 그렇게 모아진 돈으로 각 학급에서는 '컴패션 Compassion'을 통해 태국 학생 한 명씩을 돕고 있다.

● 밀알두레학교는 기도하는 학교다.

밀알두레학교 아이들은 다니엘처럼 하루에 3번 기도 시간을 갖는다. 등교하여 QT를 마친 후, 오후 수업 시작하기 전 그리고 하교 전 이렇게 세 번 기도한다. 매주 두 가지 주제를 정해 나라와 학교, 이웃, 가정, 자신을 위해 기도한다. 그리고 가정에서는 매일 저녁 10시에 기도한다.

## 아이들이 행복해하는 학교를 만들자

✤

정기원 교장 선생님은 서울교육대학교를 졸업하고 15년간 공립과 사립학교를 오가며 교사 생활을 했다. 그 과정에서 의구심이 들었다.

'아이들이 대한민국 최고의 좋은 시설을 갖춘 사립학교를 다니면서도 왜 행복해하지 않을까?'

이 답을 찾고자, 2003년부터 후배들과 함께 일본, 캐나다, 호주, 덴마크 등 교육 선진국들을 찾아다니며 교육 기행부터 시작했다. 그리고 드디어 해답을 찾았다.

"호주 시드니의 한 작은 교회에서 컨테이너 6개를 놓고 학교를 만들어 예수님을 가르치는 모습을 보고 감명을 받았어요. 학교 옆 100m 에는 시설이 아주 좋은 공립학교가 있었는데도 공립학교에는 예수님이 없는 교육을 하고, 비록 컨테이너이지만 예수님이 있는 교육을 펼치는 학교에 학부모들이 자녀들을 보내는 것을 보고 자신감을 얻었습니다. 규모가 작아도 믿음으로 학교를 만들 수 있다는 것을 깨달았지요."

그리고 2005년 3월, 후배들과 함께 학교에 사직서를 내고 수도권에 있는 두레교회의 도움을 받아 두레학교를 설립했다. 처음엔 교회 유치원에서 쓰는 허름한 건물을 사용했지만 5년 만에 학생 수 250명의 학교로 성장했다.

그런데 예기치 않은 일이 발생했다. 2010년, 두레교회 담임목사가 정년으로 퇴임하면서 정기원 교장 선생님은 두레학교에서 물러났다. 그리고 교사 20명과 학생 85명과 함께 새로 학교를 세우기로 했다. "교육의 '가나안'으로서의 학교를 만들자." 이것은 정기원 교장 선생님의 비전이었다.

물론 학교를 설립한다는 것은 쉬운 일이 아니다. 학교를 세울 부지가 필요했고, 건축비가 필요했다. 한두 푼으로 될 일이 아니다. 그러나 뜻을 같이한 학부모들이 집을 담보로 대출을 받기도 하고, 적금도 해지하면서 큰 액수를 모았다. 이들의 헌신을 결코 잊을 수 없다고 정기원 교장 선생님은 말한다.

학교 설립 과정에서 많은 어려움을 겪었다. 사기를 당할 뻔한 일도 있다. 이런저런 스트레스가 심하다 보니 급기야 신장까지 망가졌다. 그래서 평생 신장 투석을 받지 않으면 살 수 없을 정도에 이른 것이다. 그의 오른쪽 어깨엔 신장 투석용 관을 달았다. 그런데 신장 투석을 받으면서 3개월 만에 성경을 통독한 정 교장 선생님은 특별한 깨달음을 얻었다.

"하나님은 우리가 열심히 일하면서 살기보다는 행복하게 살기를 더 원하시며 일 중심으로 살기보다는 사람 중심, 관계 중심으로 살기를 더 원하심을 깨닫게 되었습니다."

## 기독 대안 교육에 관해 묻고 답하기

✛

정기원 교장 선생님은 15년간 대안 교육기관을 섬기면서 한국기독교대안학교연맹의 이사장으로 3년간 활동했다. 그 누구보다도 기독교 대안학교가 지닌 어려움을 잘 알고 있다. 일문일답을 통해 기독교 대안학교에 대한 현실적 해결 방안을 들어본다.

● 밀알두레학교를 포함해, 대부분의 대안학교가 미인가인데 정부로부터 인가를 받지 않는 이유가 있는가?

'미인가' 학교라는 말이 고상하게 들리지만, 사실상 '무허가' 학교라고 해야 가슴에 확 와 닿는다. 미인가 대안학교들이 일부러 인가를 안받는 것이 아니라 못 받고 있다. 그간 인가 기준을 많이 완화해 주려고 정부도 노력해 왔지만, 대안학교들의 현실적인 기준에 비춰 보면 아직도 문턱이 훨씬 높다. 전체 대안학교 중 인가 학교는 10% 정도이고, 법적 실체가 없는 미인가 대안학교가 훨씬 많다. 대안학교가 현행 초·중등교육법 '제60조의 3'에 들어가 있어서 초·중등교육법 이하의 법들에다 적용을 받는다. 특히 사립학교법의 적용을 받으므로, 대안학교가 인가를 받으려면 학교 건물과 옥외 체육장을 확보해야 하며, 담보가 있으면 인가받을 수 없다. 최근 들어 옥외 체육장은 국공립 시설을 임대해도 되는 것으로 기준을 완화하고는 있지만, 영세한 대안학교들이 인가 조건을 맞추기는 힘들다. 담보 없는 독립 공간을 갖추기도 어렵지만, 교사 자격증 비율 맞추기는 더 힘들다. 현행 "대안학교의 설립·운영에 관한 규정"에는 교사 자격증 보유 비율을 70%로 정해 놓았다. 중·고등학교 과정은 사범대 출신이 워낙 많아서 이 비율을 유지하기가 쉽지만, 초등학교 과정은 기준을 맞추기 어렵다. 교대 졸업생 중에 아주 큰 사명이 있거나 현실 감각이 없는 사람이 아니고서야, 어렵게 교대 들어가서 일반 학교 급여에 훨씬 못 미치는 급여를 받으며 대안학교를 선택할 가능성은 작기 때문이다. 해당 비율을 현실에 맞게 50%로 낮춰 달라고 꾸준히 교육부에 찾아가서 이야기해 왔는데 아직 받아들여지지 않고 있다. 사실 대안학교 태생 자체가 공동육아를 한 사람들의 필요로 시작했으니 애초에 교사 자격 요건을 채우기 어려운 맥락이 있다. 담보 조건은, 사학 비리가 생길 여지를 줄 수 있어서 사립학교법 안에서 완화할 수 없는 것이 사실이다. 여러 가지 이유에서 초·중등교육법의 지배를 받지 않는, 별도의 대안학교 법이 있어야 한다.

● 그렇다면 현재 우리나라 교육의 일정 부분을 감당하는 대안학교들이 거의 다 '불법' 교육기관이 아닌가? 법적인 제재 사항들은 없는가? 그리고 이에 대한 대비책이 있나?

정부에서 미인가 대안학교를 없애고 싶어도 못 없애는 이유는 대안학교의 규모가 그만큼 커지기도 했지만, 공교육이 실패한 인성 교육의 한 축을 대안학교가 감당하고 있다는 사실을 정부도 잘 알기 때문이다. 게다가 대안학교에 자녀들을 보내는 학부모들이 우선 공교육을 정상화하면 학교로 돌아가겠다고 할 경우, 모든 책임이 정부로 돌아갈 가능성이 있지 않겠는가? 어쨌든 미인가 대안학교는 마치 무허가 주택은 누구의 허락 없이 마음대로 지을 수 있지만 언제 철거될지 모르는 불안감이 있는 것처럼 대안학교를 시작하면서 누구의 허락 없이 마음껏 시작할 수 있지만, 현재 초·중등교육법의 제재를 받을 수 있는 상태인데, 초·중등교육법 제67조에 따르면, 미인가 대안학교 설립자는 3년 이하의 징역 또는 3천 만 원 이하 벌금에 처한다고 되어 있고 같은 법 제

68조에는 미인가 대안학교에 자녀를 보내는 학부모에게는 100만 원 이하의 과태료를 부과한다고 되어 있다. 다만, 지금까지 이를 집행한 사례는 없다.

● 2018년 12월에 박찬대 더불어 민주당 의원이 '대안교육에 관한 법안'을 발의했다. 이 법안이 통과되면 대안학교 양성화에 도움이 되는가?

내가 속한 '한국기독교대안학교연맹(이하 '기대연')'에서 관련 법안을 마련하기 위해 3년 정도 노력하여 박찬대 의원에게 발의를 부탁했다. 법안 내용에 대해 '대안교육연대'와도 의견을 많이 나누었다. 대안 교육 현장에 있는 두 단체가 동의하니 무난하게 통과하지 않을까 기대한다. 현재 90% 넘는 미인가 대안학교들이 불법인 상태로 있는 것이 정부 관점에서도 부담일 것이다. 미인가 대안학교들이 대안 교육기관으로라도 등록되면 교육부로 봐서도 실태 파악이 되니 반길 일 아닌가. 교육 선

밀알두레학교 정기원 교장 선생님과 교사들

진국들은 이미 교육의 다양성 안에서 자율성을 보장해 주는 방향으로 대안학교를 관리한다. 아시다시피 미국은 홈스쿨링까지 대안교육으로 인정하는 주가 많다. 그 정도까진 아직 아니더라도 어느 수준까지는 우리나라도 받아들여야 한다. 대안학교 교육은 다양성 측면에서 역할이 상당하다. 그리고 대안학교 학부모들도 세금 다 내는데 교육 혜택은 전혀 받지 못하고 있다. 국가가 포용해야 한다. 학교를 이탈하는 학생들이 점점 많아지고 있는데, 이들이 어느 교육 기관에도 속하지 못한다면 굉장한 사회문제다.

● '불법'인 상태에서 그동안 미인가 대안학교를 세우고 가꿔온 과정이 궁금하다.

출발부터 말하자면, 고민의 시작은 '아이들이 행복하지 않은 교육'에 대한 의문이었다. 나는 원래 서울의 공립과 사립초등학교의 교사였다. 서울에서 근무하는 동안 서울의 모든 초등학교 유형을 경험해야겠다고 생각했고, 다양한 학교를 경험했다. 첫 발령지는 성북구의 달동네에 위치한 공립 서울 삼선초등학교, 두 번째는 우리나라에서 열린 교육을 제일 먼저 받아들인 사립학교인 영훈초등학교, 세 번째는 신설학교이면서 공립인 서울 연지초등학교, 마지막 학교가 사립 미션스쿨인 화랑초등학교였다. 낙후 지역의 공립학교와 신설 학교, 유명한 사립학교와 미션스쿨 등 유형별로 경험했다. 그 가운데 영훈초등학교와 화랑초등학교에서 근무할 때 특히 의문이 들었다. 전국에서 제일 좋은 학교여서, 많을 땐 10대 1의 경쟁률을 뚫고 입학하는데 3, 4학년이 되면 울며불며 학교 안 다니겠다는 아이들이 한두 명 정도는 꼭 나왔다. 이해가

안 갔다. 의문을 품고 바라보니, 점차 학교마다 개선해야 할 문제들이 많이 보이기 시작하더라. 학교 중엔 전통을 넘어서지 못하는 곳도 있었고, 교장 선생님이 탁월하셨는데 너무 오래 하다 보니 더는 새로운 것이 나오지 않는 곳도 있었다. 교장 선생님 앞에서 의견을 제대로 말 못하는 교사들도 있었다. 그런 경험상 나는 우리 학교에서 교장은 10년 이상 하면 안 된다고 생각한다. 여러 경험 중에 '아이들에게 자다가도 가고 싶어서 눈이 떠지는 행복한 학교'를 세우고 싶은 꿈이 생겼고, 그래서 2001년부터 2005년 2월까지 4년 동안 방학마다 외국의 좋은 학교들을 탐방했다. 그 과정에서 학교 설립에 뜻을 둔 선생님들과 연구도 하고, 세 번의 계절 학교를 열어 본 후, 2005년 2월 28일 자로 사직서를 제출하고 기독대안학교로 두레학교를 먼저 설립하게 되었다.

● 교회에서 설립하는 경우, 종교 부지를 활용할 수 있나요?

종교 부지에서 학교 건물을 쓰는 경우, 등록세와 취득세를 다 내야 한다. 사실 교회에서 설립한 학교들은 이 경우를 고려하지 않고 있다. 교회 건물을 학교와 같이 활용하면 좋겠다는 생각을 하고 있는데, 사회에서는 학교 교육은 종교 본연의 목적에 어긋나는 일이라고 보고 있다. 그래서 우리의 경우도 교회가 교육을 굉장히 중요하게 생각하고 교육목회를 표방했기 때문에 학교를 설립한 것이라고 말했는데도 안 되었다. 이미 오래전에 어느 대형 교회에서 세운 학교가 큰 건물 한 층을 쓰고 있었는데 그 층을 쓰고 있는 것에 대해 담당 구청에서 세금을 부과했었다.

그것이 하나의 사례가 되어 우리 학교도 세금을 내게 된 것이었다.

세무 담당 직원은 교회는 종교 부지이기에 모든 것이 다 면세지만 학교라는 다른 공간으로 교회 건물을 사용하는 것이니 세금을 당연히 내야 한다는 논리였다. 그래서 "교회 학교도 아이들에게 교육하지 않나?"라고 했더니, "그것은 일주일에 한 번이고 기독교 대안학교는 매일 교육하는 것 아니냐?"라고 하면서 인정을 하지 않으려 했다. 그리하여 어쩔 수 없이 학교가 쓰는 순수한 공간만 취득세를 내자고 했다. 토요일과 주일은 교회가 쓰니까 5일로 계산하겠다고 했더니 그것도 안 된다고 했다. 그렇지만 납부를 전제로 계속 이야기를 하니까 담당 공무원도 배려해 주어서 처음보다는 아주 저렴하게 납부하는 것으로 정리가 되었다. 아마 학교를 설립하자마자 구청에서 나오지 않는다고 해도 3-4년이 지나면 세무조사가 나올 수 있다고 생각하고 대비할 필요는 있다.

● 학교를 운영하려면 좋은 시설도 필요하지만 좋은 교사가 있어야 한다. 좋은 교사들은 어떻게 모집할 수 있나?

인가받지 않은 대안학교에서 교사를 모집하는 것은 또 다른 문제인 것 같다. 주어진 환경 속에서 최선을 다하는 교사도 물론 좋지만, 인가받지 않은 대안학교의 경우에는 학교가 지니고 있는 교육 철학에 동의하고 헌신할 수 있는 선생님이 필요하다. 왜냐하면 일반 학교와 급여에서는 똑같은 대우를 해 주지만, 법적으로나 경제적으로 지위를 보장해 줄 수 있는 것은 아니니까. 이곳에 오려면 그런 것들을 다 내려놓고 와야 하는데, 그것이 쉽지 않다.

또 선생님들이 대안학교에 오려면 감당해야 할 부분이 너무 많다. 부모님과 가족들을 설득하면서까지 여기에 오기가 쉽지 않다. 그래서 교장인 저로서 선생님을 구하기 위해 이 방법 저 방법 다 써 봤는데, 기도하는 것 외에는 다른 방법이 없다는 생각이 들었다. 하나님께서 준비해 놓으신 분이 분명 있다. 우리 학교에 오신 분들을 보면 다 나름대로 훈련받고 준비했던 과정들이 있었다. 나는 우리 학교를 알릴 수 있는 최소한의 노력을 하는 것도 필요하다고 본다. 기독교학교교육연구소 행사가 있을 때 가 보거나, 연맹의 콘퍼런스를 할 때 옆쪽에서 홍보나 안내를 하거나, 사단법인 '좋은 교사 운동'에서 발행하는 잡지에 학교를 홍보할 수 있다. 종종 교대 교수님들께 연락해서 좋은 선생님이 있으면 추천해 달라고 부탁하기도 한다. 실제로 그분들께서 추천해 주신 분이 우리 학교에 근무하고 있다. 하지만 교사들을 모집하기 위해서는 발로 직접 뛰어다니는 것이 좋다. 우리는 그동안 '기독교사모임'을 열어서 일반 교사들에게 우리 교회 학교 교육에 대해 좀 더 알리고 그중에서 괜찮은 분들은 초빙하려고 노력했다. 어쨌든 좋은 선생님을 모시는 것이 제일 관건이다.

## 탐방을 마치며

✛

정기원 교장 선생님은 말씀한다.

"아무것도 없는 광야에서 오로지 하나님의 학교를 위해 하나님만 의지하며 교육의 가나안을 향해 걸어왔습니다. 그러나 하나님은 학부모들의 눈물겨운 헌신과 교사들의 섬김에 복을 주셨습니다. 그래서 교육의 푸른 초장을 거닐 수 있게 되었습니다. 밀알두레학교는 이 땅의 황폐해진 공교육의 대안이 되고 예수님의 가르침 그대로의 교육으로 세상의 소금과 빛이 될 밀알들을 배출해 낼 것입니다."

명문대 대학 입학과 출세를 위한 대한민국의 교육 현실 속에서 밀
알두레학교는 '밀알'의 역할을 잘하고 있다. 희생, 봉사, 헌신의 정신과
서로 더불어 살아가는 우리 조상의 '두레' 정신이 접목된 '밀알두레교육'
을 실천하고 있기 때문이다. 지금 이 밀알들은 기도를 자양분으로 하여
잘 여물어가고 있다.

그는 덧붙인다.

"무너진 교육의 희망은 기독교 대안 교육에 있습니다. 160여 년 전,
그룬트비 목사가 프로이센 전쟁으로 황폐해진 덴마크에서 국민 계몽
운동을 펼쳤을 때, 이 설교를 듣고 크리스텐 콜 교사가 대안학교를 시
작했듯이 이 땅의 무너지고 황폐해진 교육을 하나님의 원리로 회복하
는 교육 운동을 전개해서 먼 훗날 우리나라의 공교육의 10% 이상이 밀
알두레학교와 같은 정신으로 교육하는 학교들이 늘어나게 되길 꿈꾸고
있습니다."


"밀알두레학교는 어떤 학교입니까?"

"하나님의 학교입니다."

정기원 교장 선생님의 간단명료한 답이다. 맞다, 밀알두레학교는
하나님의 말씀과 기도로 다음 세대를 양육해 내는 진정한 하나님의 학
교다.

# CTS기독교TV, 징검다리가 되어

교회들의 대안학교 설립 준비를 돕기 위한 전문 과정 세미나

2020년은 CTS기독교TV 창사 25주년이 되는 해이다. CTS기독교
TV는 오직 순수복음방송의 사명으로 미디어 선교를 하고 있다. 하나
님은 CTS기독교TV에 특별한 소명을 주셨다. 그것은 바로 다음 세대를
품고 신앙으로 양육하라는 것이다. 저출산과 고령화 시대에 아직도 위
기의식을 느끼지 못한다면 우리는 영적으로 마비된 것이다.

그러나 이러한 위기를 극복할 수 있는 지혜를 하나님이 주셨다. 이
제 더 지체할 수 없다. 만일 교회가 성경적 가치관과 신앙을 토대로 인

성과 지성을 갖춘 인재를 양성한다면 이 나라의 미래가 바뀔 것이다. 기독교 대안학교 설립은 목회자들의 사명이다. 목회자들이 먼저 밀알이 되어야 한다. 그리하면 성도들도 따라올 것이다. 밀알이 되기를 꿈꾸는 자들이 모이면, 그리고 함께 썩으면 5년, 10년, 20년 후에는 세상이 바뀔 것이다.

CTS기독교TV는 다음 세대를 살리고 한국 교회의 미래를 준비하기 위해 '한 교회 한 학교 세우기' 운동에 매진하고 있다. CTS기독교TV는 기독교 대안학교 설립 비전을 가진 교회와 단체를 최대한 도울 준비가 되어 있다. 뜻은 있지만, 구체적인 방법을 알지 못해 망설이는 교회와 목회자를 도울 것이다.

20여 년 전, CTS기독교TV는 이미 험난한 산맥을 넘었다. 그때의 신앙과 저력으로 다시 한번 도전할 것이다. 이를 위해 보수와 진보, 교파 간의 장벽을 허물고 오로지 다음 세대를 세우는 일에 힘을 모아야 한다.

기독교 대안학교를 설립하는 것은 단지 교회만을, 성도만을 위한 것이 아니다. 이 나라가 하나님을 위한 것이고, 무엇보다 하나님 나라를 확장하는 일이다. 이 나라가 위기에 처해 있을 때마다 하나님은 늘 교육의 기회를 열어 주셨다. 100년 전에 다음 세대를 준비시킨 분들이 있기에 오늘날 우리가 여기까지 올 수 있었다. 이제 우리가 그 일을 해야 한다.

그러나 열정과 비전만으로 학교가 세워지는 것은 아니다. 열정과 비전만으로 교사가 모여지는 것도 아니다. 이미 신뢰를 잃어버린 일부

기독교 대안학교도 있다. 주먹구구식으로 근시안적으로 학교를 운영했기 때문이다. 공교육을 능가하는 기독교 대안학교가 되기 전에는 사상누각이 될 뿐이다. 그래서 전문가와 경험가들과의 협업이 필요하다. 그리고 필요한 자원들을 모으고 연결하는 네트워크가 필요하며, 연결 다리가 필요하다. 그렇지 않으면 무늬만 기독교 학교가 될 것이다.

무엇보다 중요한 것은 학부모의 인식 변화다. 학교가 마련되고 교사가 기다리고 있더라도 아이들이 입학하지 않으면 무슨 의미가 있겠는가. 아이들을 기독교 대안학교에 보내기로 결정하는 것이 현재로서는 결코 쉬운 일이 아니다. 주류인 공교육을 포기하고 마이너인 대안학교에 입학시킨다는 것이 부모로서는 일대 모험이기도 하다. '순간의 결정으로 행여 아이가 대세에서 밀려나 사회의 그늘 속에서 살아가면 어떻게 하나. 일단 좋은 대학부터 보내야 하지 않을까?' 하는 우려를 쉽게 떨칠 수 없기 때문이다.

그래서 교회와 기존 기독교 대안학교와 기타 관련 단체를 통한 학부모 설명회와 간담회, 교육이 병행되어야 한다. 이를 위해 우리 CTS기독교TV도 힘껏 도울 것이다. 이미 CTS기독교TV는 '기독교 대안 유·초·중·고등학교'를 교회 내에 설립할 수 있도록 돕는 '한 교회 한 학교 세우기' 프로그램을 실행하고 있다.

좀 더 구체적으로 발전시키자면, 기독교 대안학교 설립을 위해 공개적으로 모금하고, 모금된 것을 필요한 곳에 전달하고, 시청자들에게 피드백을 통해 알려 주는 것도 가능하지 않을까 꿈을 꾼다. 이러한 순환이 잘 되면 다음 세대가 서고, 한국 교회가 회복될 것이다. 또한 CTS기독교TV는 몇몇 교회만을 대상으로 하지 않고, 5만, 6만 개에 달하는 전국의 교회를 염두에 두고 사역한다. 예컨대 5만 개 교회의 10%는 5,000개 교회이고, 1%는 500개 교회가 아닌가. 우선 이 1%라도 시도해 보는 것이다. 광역별로 중부권에 4개 정도의 기독교 대안학교가 세워지면 좋을 것 같다. 필요한 재정은 교회가 연합해서 해결할 수 있다.

미디어의 힘과 장점을 최대한 활용하여, 일부 대안학교의 교육 연구소의 성과물을 다른 교회 또는 대안학교와 공유할 수 있도록 도울 것이다. CTS기독교TV는 전국의 모든 교단의 네트워크가 형성되어 있기 때문이다.

눈으로 확인할 수 있는 어떤 것을 직접 보여 줘야겠다는 생각을 하게 되었다. 대안학교의 비전을 가지고 목회를 하는 교회들을 보여 주면 많은 교회가 감동과 도전을 받을 것이라고 확신했기 때문이다. 그래서 직접 전국의 기독교 대안학교를 방문하게 된 것이다. 부산, 대전, 대구, 전주, 경기, 과천 어느 곳이든 방문할 수 있다. 그 결과 '한 교회 한 학교 세우기'에 대한 확신이 더욱 강해졌다. 우리가 방문한 기독교 대안학교에는 아직 가공되지 않은 원석들이 널려 있었다. 우리 CTS기독교TV는 그 원석을 끄집어내고 가공하는 역할을 할 것이다.

"백문이 불여일견이다."라는 말처럼 미디어를 통해 많은 사람이 생생한 현장을 봐야 한다. 이 일을 CTS기독교TV가 할 것이다. 기독교 대안학교 관련 영상을 5분 단위로 실질적인 것을 5분간 분기, 또는 반년 동안 송출한다. 또 공휴일이나 주말에는 일주일 동안 방영한 것을 방송

해야 한다. 시간이 너무 길어도 비효율적이다. 사람들이 익숙하지 않은 것에 서서히 길들려면 짧은 시간을 할애하여 오래 반복해야 한다. 책을 읽는 것도 한 방법이나 뒤돌아서면 잊히고, 행동으로 이어지기가 힘들다. 특히 미디어 시대에 사는 현대인은 더더욱 그러하다.

그러나 아이들이 농장에서 일하는 모습, 리모델링하는 모습, 자원 봉사를 하는 소박하고 자연스러운 모습이 시청자들에게 감동을 줄 것이다. 장담컨대 100명 가운데 90% 이상이 은혜를 받을 것이다.

CTS기독교TV는 24시간 방송을 한다. 그 가운데 최적의 시간을 정하고, 제작 요원들을 투입해서 다음 세대를 위한 프로그램을 집중적으로 방영할 것이다. 본방송이 아니라도 유튜브를 포함하여 다양한 방식으로 홍보를 계속할 것이다. 마음은 있지만, 정보가 없어서 시도하지 못하는 교회가 많기 때문이다. 전국에 21개의 CTS기독교TV 지사가 있는데, 모두 함께 작업할 것이다. 학교를 세울 수 있도록 교사 교육 과정 등을 온라인으로도 만들려고 한다. 일차적으로는 국내를 목표로 하고, 나중에는 대상을 확대하여 해외 선교사님들도 현지 아이들 또는 자녀를 위해 사용할 수 있다. 그리고 학교를 설립하고 교육 선교를 하시는 선교사님들이 교재로 사용할 수 있는 온·오프라인 매뉴얼을 만들 수도 있다.

우리가 방문했던 교회 가운데는 자체 방송을 할 수 있는 역량이 있는 곳이 있는가 하면, 재정적으로 열악하여 영상자료 제작 자체가 힘든 곳이 있다. CTS기독교TV가 이 부분을 도울 수 있다. 그리고 현재 기독교 대안학교와 관련된 분들의 영상을 꾸준히 송출함으로써 공감대를 확대할 수 있다. '다음 세대'는 믿는 자나 믿지 않는 자 모두가 관심을 가져야 할 키워드다. '교육' 역시 마찬가지다. 이를 위한 예산을 어떻게 충당할지 현재로서는 자신이 없지만, 하나님이 다 채워 주시리라 굳게 믿는다.

감사하게도 우리 팀과 함께 방문했던 많은 학교가 정보나 노하우, 시행착오에 대해 기꺼이 공유하겠다는 의사를 밝혔다. 자료를 다 공개한다는 것이 쉬운 일이 아닌데도 말이다. 이처럼 우리가 협업해 나가면 10년 이내에 기독교 대안학교 문화가 이 땅에 뿌리 내리고 자리를 잡지 않을까 생각한다. 아울러 교회도 함께 성장하고 부흥할 것이다. 인간 사회도 그렇지만 교회 중에도 약하고 가난한 교회가 많다. 또 쑥쑥 잘 크고 승승장구하는 학교도 있지만, 매번 실패하고 주저앉아 있는 곳도 있다. 그러나 이 모두가 같은 비전을 가진 지체들이 아닌가. 한 몸 의식을 갖고 서로 돕는다면 교회나 학교나 서로 윈윈 win-win 하지 않을까.

CTS기독교TV 복음 방송은 기독교 대안학교와 교회 사이의 징검다리 역할을 할 것이며, 다음 세대와 가슴 뛰는 세상을 열어 갈 것이다.

## '인가형' 대안학교와 '비인가형' 대안학교의 차이점

대안학교는 크게 '인가'와 '비인가'로 구분된다. 대안학교는 다시 '특성화 학교'와 '위탁형 대안학교'로 분류해 볼 수 있다. '미인가 대안학교'와 '비인가 대안학교'를 굳이 구분하자면 전자는 학교 측에서 일부러 인가를 안 받았다는 뜻이고(정부나 교육청으로부터 자유롭기 위해), 후자는 인가를 받고 싶지만 못 받았다는 의미로 이해하면 될 듯하다. 정부에서는 '비인가 대안학교'라는 용어를 사용한다.

우리나라의 '인가형' 대안학교는 졸업하는 일반 초, 중, 고교와 같은 학위를 인정받는다.
'비인가형' 대안학교는 검정고시에 응시하여 합격해야만 학위를 인정받는다.

### '비인가'와 '미인가'의 차이점

"미인가 대안학교"라는 말과 "비인가 대안학교"라는 말도 혼용되어 사용되고 있는데 같은 의미이지만 인가 여부의 주체를 누구로 보느냐에 따라서 달리 사용하고 있다.

"미인가 대안학교"는 인가의 주체를 학교에 의미를 두고 "인가를 안 받았다"라는 의미에서 미인가 대안학교들이 주로 사용하고, "비인가 대안학교"는 인가 주체인 정부 당국으로부터 "인가를 받고 싶은데 못 받았다"라는 의미가 강하게 여겨지기에 미묘한 견해 차이로 인해 정부 당국이 미인가 대안학교들을 부를 때 "비인가 대안학교"라고 사용하고 있다.

(기독교 대안학교 설립 자료집 참조)

그동안 자서전을 써 보라는 말을 많이 들었습니다. 한때 시도도 해 보았습니다. 그러나 한순간 내가 뭐 그리 대단한 존재라고 "나는 언제 어디서 태어나서 무엇을 했고, 이러저러하게 살아왔다. …"라는 식의 식상한 글을 써야 하나 회의가 들었습니다. 겸손의 옷을 겹겹이 껴입어도 결국은 내 이야기, 내 자랑이라는 생각이 들었기 때문입니다.

그러나 지금은 믿음으로 이 글을 씁니다. 제 이야기 속에 늘 숨어 계시는 하나님을 자랑하고 싶기 때문입니다. 그리고 이 책은 나름 구체적인 필요와 목적이 있기 때문입니다. 제가 오랫동안 해 온 사업이 광고와 홍보와 방송 분야입니다. 이 일들을 통해 축적된 경험과 노하우를 이제 '다음 세대를 살리고, 한국 교회를 살리고, 사람을 살리고, 하나님 나라를 확장하기 위한 기독교 대안학교 세우기, 한 교회 한 학교 세우기를 위해 다 쏟아붓고 싶기 때문입니다.

그리고 이 일을 위해 수고할 다음 주자들에게 그 긴박성을 전하기 위해서는 이 시대의 모든 매체를 잘 활용해야 하겠지요. 그 가운데 책이란 아주 고전적이고 아날로그적인 매체입니다. 숨겨진 잠재력이 큰

니다.

사실 저는 지난 세월 속에서 나름 성취감도 명예도 맘껏 누려보았습니다. 젊은 나이에 국민훈장도 받아보고, 크고 작은 많은 단체와 기간의 대표 및 임원을 역임하기도 했습니다. 소위 세상에서 말하는 명예와 칭송을 누릴 만큼 누렸습니다. 그러나 이러한 것들이 무슨 의미가 있겠습니까. 지금 제가 원하는 것은 단 한 가지입니다. CTS기독교TV가 한국 교회를 위해, 다음 세대를 위해 정말 잘하고 있다는 말을 듣는 것입니다.

## 오래된 이야기

✚

저는 정말 시골 촌놈입니다. 경남 함안에서 유년기를 보냈습니다. 그곳에서 초등학교, 중학교를 마치고 고등학교와 대학교를 서울에서 다녔습니다. 물려받은 재산이 있는 것도 아닌데 일찍부터 사업을 해야겠다고 생각했습니다. 사업을 시작하고 79년도엔 2차 오일쇼크, 그다음 IMF를 겪으면서 뒤늦게 주님을 영접했습니다. 결혼하고 아기 셋을 낳고. 다섯 식구가 같은 날에 교회 등록을 했습니다. 그리고 뒤늦게 신학 공부도 했습니다.

어느 날 예비군 통지서가 날아왔습니다. 80년대에 들어서 교회 및 공공시설에서 정신 훈련을 받는 것으로 예비군 훈련을 대체할 수 있었습니다. 저도 강남에 있던 광림교회에서 예비군 교육을 받았지요. 결국 그것을 계기로 저는 광림교회의 예비군 훈련 1기 장로가 되었습니다.

CTS기독교TV에 오게 된 것은 제가 원해서가 아니었습니다. CTS기독교TV가 95년도 개국을 했는데 몇 년 버티지 못하고 파산했습니다. 처음엔 연합교단으로 교단별로 투자해서 준비했습니다. 그런데 방송 장비라는 것이 만만치 않지요. 장비는 물론 대형 중계차까지 다 샀습니다. 결국 부도가 나고 엄청난 부채를 떠맡게 되었습니다. 그 당시 저는 50대 중반이었지요. 제가 광고 방송대행 사업을 하고 있던 차라 아무래도 다른 사람들보다는 방송을 좀 알지 않겠냐고 생각했는지 저에게 맡아서 해 보라는 권고가 있었습니다. 그러나 그때엔 이미 방송이 거의 중단된 상태였습니다. 저는 사업을 하는 사람이라 냉철하게 판단하고, 담임목사님께 재무제표를 보이면서 설명해 드렸습니다.

"이거 어렵습니다."

다음 날 목사님이 저를 부르셨습니다. 그 당시 담임목사님이 CTS기독교TV의 공동 초대 대표였고, 저도 핵심 이사였습니다.

"감 장로, 감 장로가 두고 간 서류를 보니 하도 화가 나서 휴지통에 집어 던졌지. 그리고 나서 이러면 안 되지 귀한 것인데 하면서 다시 꺼냈더니 숫자가 모두 오선지로 변하는 꿈을 꿨지 뭐야. 아무래도 감 장로가 맡아야 할 것 같아. 우리 기도해 봅시다."

그 말에 저는 겁이 났습니다.

새벽 기도를 마치고 집으로 오는 길이었습니다. 교회에서 우면동 우리 집까지는 거리가 좀 됩니다. 고속도로상에서 아내가 말하더군요.

"여보, 우리가 수백 억 원을 끌어모아 일을 수습하긴 힘들겠지만 그래도 '아멘!'합시다. 계산하지 말고 합시다. 하나님이 책임져 주시겠지요."

저도 아무런 계획도 없으면서 그냥 "아멘!"했습니다. 그리고 목사님께 말씀드렸지요.

"제가 한번 해 보겠습니다."


CTS기독교TV의 부채가 이미 산적된 상태에서 이러한 권고를 수락한다는 것은 사업을 하는 사람으로서 너무도 무모하고 비현실적이었습니다.

그 당시 CTS기독교TV가 성결교단 건물에 입주해 있었습니다. 임대료를 8개월 밀려 이미 잘 협상을 했는데, 아침에 출근하니 법원 집달리 <sub>집행관의 옛말</sub> 를 동원해서 짐을 다 끌어내리고 있었습니다. 정말 참담했습니다. 명색이 하나님의 방송이고 하나님의 기업인데 말입니다.


그래서 주요 장비만 챙겨서 남산 옛날 KBS 방송 자리에 임대공간이 있어서 옮겼습니다. 스튜디오로도 쓸 수 있었는데 일주일에 3일만 사용할 수 있었지요. 쫓겨났다는 소문이 퍼지니 후원자들도 떨어지고, 돈 빌려 주겠다는 사람도 없었습니다. 그러다 보니 우리 집안 내에서 자력으로 조달할 수밖에 없었습니다.

어느 날 문득 이런 생각이 드는 것입니다.

'월세로 남의 집에 살 것이 아니라 한 칸이든 두 칸이든 우리 집을 짓자.'

실제로는 부채만 잔뜩 있고 돈 한 푼 없었습니다. 그래서 스태프들에게 말했지요, 서울 시내에서 300평 정도의 부지가 경매에 나온 것이 있는지 알아보라고요. 그런데 없다는 것입니다. 그래서 제가 다시 살펴보니 1천 평 가까운 부지가 제 눈에 들어오더군요, 그것이 바로 현재 CTS기독교TV 건물 부지입니다. 자금 동원을 제 머리로 짜냈습니다. 그런데 IMF 시기이다 보니 사옥을 건립한다는 것이 참 힘들었습니다.

임직원과 동역자들과 함께 열심히 일하면서 오늘까지 왔습니다. 지금도 우리 임직원들은 아침 8시 30분이면 매일 경건 예배를 드리며 서로 격려하고 힘을 냅니다. 이렇게 방송을 통해 한국 교회를 섬겨왔는데, 다음에는 무엇을 해야 하나 생각하다가 '다음 세대'를 생각하게 된 것입니다. 오랜 동안 이 일을 추진했는데 예산이 넉넉지 않다 보니 시간이 오래 걸립니다. 그러나 한국 교회가 다시 한번 힘을 합하면 충분히 해낼 것이라고 확신합니다.

제가 살아온 날이 긴 만큼, 남은 날은 짧을 것입니다. 그러나 마지막 순간까지 다음 세대를 위해 땅을 일구는 일에 동참할 것입니다. 그리고 지금은 보이지 않지만, 후대에 주렁주렁 맺힐 열매들을 꿈꾸며 한 알의 밀알이 될 것입니다. 아무쪼록 여러분도 저와 함께 밀알이 되기를 간절히 바랍니다. 하나님 앞에서 이보다 더 의미 있는 삶이 어디 있겠습니까.

사진

# CTS기독교TV와 함께한
# 영상 선교 사역 20년

## 기독교TV 사장 취임(2000년 7월 1일)

2000.7.1 김경철 장로 기독교TV 사장 취임

2000.7.1 김경철 장로 기독교TV 사장 취임

## 기독교TV 대치동 사옥에서의 강제 퇴거

# 기독교TV 멀티미디어센터 기공 및 준공

기독교TV 사옥 기공 예배(2002년 8월12일)

기독교TV 사옥 준공 감사 예배
(2005년 2월 22일)

CTS USA 개국 감사 예배
(2006년 4월1일)

기독교TV 사옥 기금 모금 방송(2003년 5월 27일)

사진  193

## 섬김과 나눔

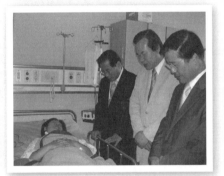

## 다음 세대가 나라의 미래다

출산장려국민운동본부 출범식

크리스천 국제학교 설립 세미나

대안교육 법제화를 위한 공개토론회

기독교 대안학교 설립 전문과정

기독교 대안학교 교장단 간담회

다음세대 지원센터 개소
(2020년 2월 17일)

사진 195

# 세계를 교구로 하는 방송

바쁜 와중에도 기회가 되면 매년
아프리카 등 선교지를 방문하여
현지 선교사와 교류를 나눈다.

사진  197

# 내 삶의 원동력, 가족

힘들고 어려울 때도 불평 한마디 하지 않고
늘 감사하면서, 함께 웃고 기뻐해 주었던
아내

# 또 다른 가족, CTS

사진  199